티엔티엔 중국어 중급회화 1

티엔티엔 중국어 중급회화 1

초판 1쇄 인쇄 2014년 1월 22일
초판 1쇄 발행 2014년 1월 22일
초판 11쇄 발행 2026년 1월 20일

지 은 이 | 파고다교육그룹 언어교육연구소
펴 낸 이 | 박서진
펴 낸 곳 | **PAGODA Books** 파고다북스
출판등록 | 2005년 5월 27일 제 300-2005-90호
주   소 | 06614 서울특별시 서초구 강남대로 419, 19층(서초동, 파고다타워)
전   화 | (02) 6940-4070
팩   스 | (02) 536-0660
홈페이지 | www.pagodabook.com

저작권자 | ⓒ 2014 파고다아카데미

ISBN 978-89-6281-983-0 (13730)

파고다북스   www.pagodabook.com
파고다 어학원   www.pagoda21.com
파고다 인강   www.pagodastar.com
테스트 클리닉   www.testclinic.com

❙ 낙장 및 파본은 구매처에서 교환해 드립니다.

엔티엔 중국어

중급 회화 1

파고다교육그룹 언어교육연구소 저

PAGODA Books

　　随着中国经济的高速发展,学习汉语已经成为了一种时代潮流。那么怎样学习才能学到地道的汉语呢？毋庸置疑，选择一本好的教材是至关重要的。但是，纵观当今的汉语教材市场，要么以语法为主，口语会话则相对薄弱；要么对话内容局限于留学生活，脱离实际，令韩国学生有"雾里看花""隔靴搔痒"之感。本册教材在《天天汉语》初级会话的基础上，遵循了语言学习规律，参照了教学实践的有效经验，达到了口语与文化的合二为一。

　　在本教材的安排上，为了提高造句能力，特意安排了句型练习的环节，把常用的句型替换成不同的句子，通过反复练习达到举一反三的效果。同时还强调了汉语口语的时代感，运用现今中国人最常用的流行词汇，通过问答方式，让学生学习到真正地道的汉语表达。此外，还安排了写作练习，真正达到听、说、读、写的融会贯通。

　　作为对外汉语教学工作者，虽才疏学浅，愿尝试运用多年来对韩汉语教学中积累的有益经验和精通韩语的"优势"，编写一本专门针对韩国学生的中级汉语口语教材供学生使用。希望通过对本教材的学习，不仅让您对中国文化产生浓厚兴趣，同时也让您的汉语水平更上一层楼。

중국 경제가 고속 성장하면서, 중국어 학습은 이미 시대적인 추세가 되었습니다. 그러면 어떻게 공부해야 오리지널 중국어를 배울 수 있을까요? 의심의 여지가 없이, 좋은 교재 한 권을 선택하는 것이 매우 중요합니다. 그러나 최근의 중국어 교재 시장을 보면, 어법이 위주가 되어, 회화는 상대적으로 취약합니다.

그렇지 않으면, 대화 내용이 유학 생활에 국한되어 있어, 실제와 거리가 멀어, 한국 학생에게 '안개 속에서 꽃을 보게 하거나(사물의 본질을 잘 파악하지 못하게 함)', '신발을 신은 채 발바닥을 긁고 있는(정곡을 찌르지 못하다)' 느낌을 줍니다. 본 교재는 〈티엔티엔 중국어〉 초급회화의 기초 위에, 언어 학습 규율에 따르고, 실제 학생을 가르친 경험을 참고하여, 회화와 문화를 하나로 합쳐봤습니다.

본 교재는 작문 실력을 향상시키기 위하여, 문형 학습을 일부러 배치했습니다. 자주 쓰는 문형을 다른 문장으로 교체하는 연습이 그것인데, 반복적인 연습을 통하여 '하나를 들으면 열을 아는' 효과를 기대합니다.

동시에 중국어 회화의 시대감을 강조하였습니다. 최근 중국 사람들이 자주 쓰는 유행 어휘를 응용하고, 문답 형식을 통하여 학생들이 정통 오리지널 중국어 표현 방식을 학습할 수 있게 하였습니다. 그 밖에, 작문 연습을 할 수 있게 해, 듣기, 말하기, 읽기, 쓰기를 체계적으로 이해할 수 있게 했습니다.

대외 한어 교재를 만드는 사람으로서, 식견이 넓지 못하고 학문도 깊지 못하지만, 오랜 기간 한국에서 중국어를 가르쳐 쌓인 유익한 경험과 한국어에 정통한 '우세'를 응용하여 한국 학생이 배울 수 있는 중급 중국어 교재를 집필해 봤습니다. 여러분이 본 교재를 공부하고 나서, 중국 문화에도 깊은 흥미가 생기길 바라고, 동시에 중국어 실력도 한 층 향상되길 바랍니다.

2014년 1월
저자 일동

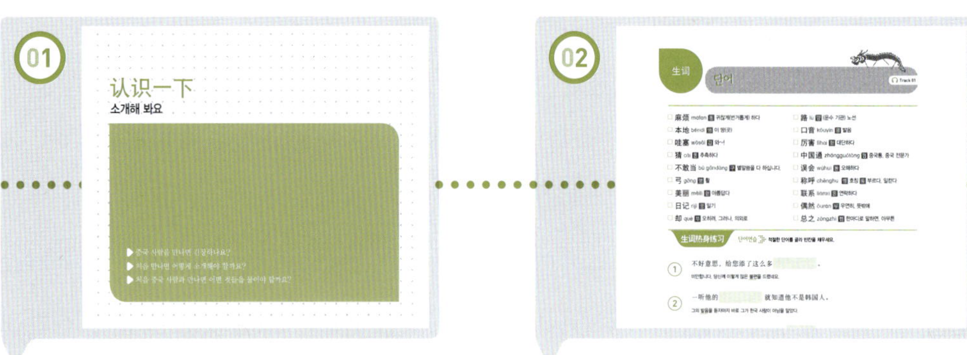

미리보기

본격적인 학습에 들어가기에 앞서 과의 주제와 학습목표를 확인합니다.

生词〈단어〉

본문에 나오는 새로운 단어를 익히고 바로 이어서 제시된 연습문제를 통해 해당 단어가 문장에서 어떻게 적절하게 사용되는지 숙지합니다.

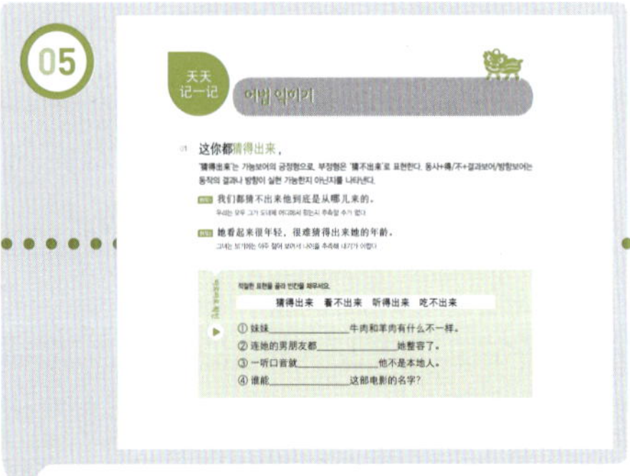

天天记一记〈어법 익히기〉

본문에 나와있는 핵심적인 어법과 빈번하게 쓰이는 관용적인 표현들을 예문과 함께 짚어봅니다. 학습한 내용은 "바로바로 확인"을 통해 복습하며 숙지할 수 있습니다.

天天说一说〈생각 표현하기〉

각 과의 주제와 관련된 단어와 표현을 응용하여, 묻고 답하는 연습으로 말하기 능력을 향상시킵니다.

+생각 넓히기 : 각 과의 주제와 관련된 보충 어휘를 삽화와 연결시켜 생각을 넓히고 어휘 수준을 높입니다.

+실력 확인하기 : 新HSK 쓰기와 유사한 형식으로, 제시된 그림을 보고 앞서 학습한 표현을 종합적으로 활용하여 자신의 생각을 표현해 봄으로써 회화 응용력을 높이고 자신의 실력을 확인합니다.

天天练一练 〈핵심문형 패턴연습하기〉

본문에 들어가기에 앞서 〈티엔티엔 중국어 초급회화〉 단계에서 학습하였던 중요 회화 문형 패턴 및 관용구 등을 복습합니다.

课文 〈본문〉

会话(회화)에서는 현대의 중국에서 일어나는 문화 현상들, 중국 젊은이들의 관심사 등을 주제로 한 등장인물 간의 대화가 구성되어 있어, 실용적이면서 트렌디한 회화 표현을 배울 수 있습니다.

短文(단문)은 독해 연습을 통해 구어체와 문어체로 구분되는 중국어의 특성을 잘 이해할 수 있게 해줍니다.

＊학습자의 학습 효과를 더욱 높이기 위하여 회화 본문에 성조 표기를 하였습니다. 회화문과 단문의 전체 한어병음은 별도 페이지에 기재하였습니다.

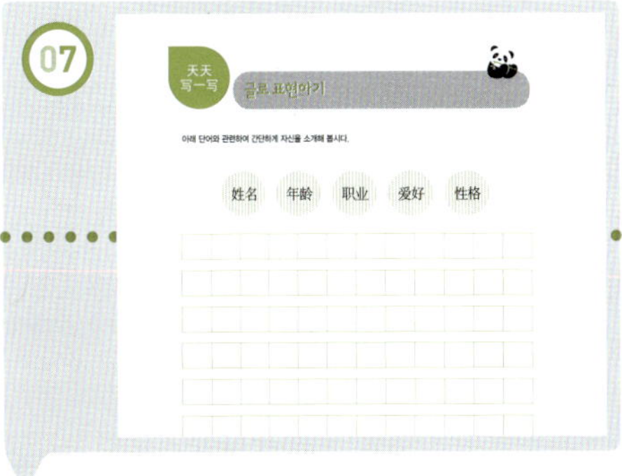

天天写一写 〈글로 표현하기〉

新HSK 쓰기와 유사한 형식으로, 주어진 단어를 사용하여 100자~120자 내외로 작문을 하면서 쓰기 능력 뿐만 아니라 전반적인 중국어 수준을 향상시킵니다.

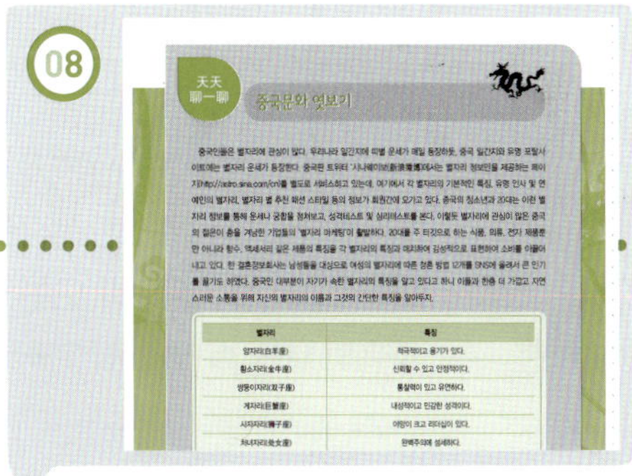

중국 문화 엿보기

본문과 관련하여 흥미로운 중국 고유의 문화를 소개합니다.

ː 목차 ː

김대한 (金大韓)

32살 한국인 남자 / 회사원
야구 경기 관람이 취미

장학우 (章学友)

34살 중국인 남자 (상하이 출신) / 회사원
유머러스하고 시원시원한 성격

왕리 (王丽)

29살 중국인 여자 (베이징 출신) / 회사원
농담을 좋아하는 활발한 성격

장학명 (张学明)

40살 중국인 남자 (상하이 출신) / 회사원
솔직하고 직선적인 성격

이미영 (李美英)

35살 한국인 여자 / 회사원
다정한 성격으로 친구 사귀는 것을 좋아함

Unit

1

认识一下
소개해 봐요

- ▶ 중국 사람을 만나면 긴장하나요?
- ▶ 처음 만나면 어떻게 소개해야 할까요?
- ▶ 처음 중국 사람과 만나면 어떤 것들을 물어야 할까요?

- 麻烦 máfan [동] 귀찮게(번거롭게) 하다
- 本地 běndì [명] 이 땅(곳)
- 哇塞 wāsāi [감] 와~!
- 猜 cāi [동] 추측하다
- 不敢当 bù gǎndāng [구] 별말씀을 다 하십니다.
- 弓 gōng [명] 활
- 美丽 měilì [형] 아름답다
- 日记 rìjì [명] 일기
- 却 què [부] 오히려, 그러나, 의외로
- 路 lù [양] (운수 기관) 노선
- 口音 kǒuyin [명] 발음
- 厉害 lìhai [형] 대단하다
- 中国通 zhōngguótōng [명] 중국통, 중국 전문가
- 误会 wùhuì [동] 오해하다
- 称呼 chēnghu [명] 호칭 [동] 부르다, 일컫다
- 联系 liánxì [동] 연락하다
- 偶然 ǒurán [부] 우연히, 뜻밖에
- 总之 zǒngzhī [접] 한마디로 말하면, 아무튼

生词热身练习　단어연습　적절한 단어를 골라 빈칸을 채우세요.

(1) 不好意思，给您添了这么多 ________。

미안합니다, 당신께 이렇게 많은 불편을 드렸네요.

(2) 一听他的 ________ 就知道他不是韩国人。

그의 발음을 듣자마자 바로 그가 한국 사람이 아님을 알았다.

(3) 请问，从这儿到明洞，应该坐几 ________ 公共汽车?

실례지만, 여기서 명동까지 몇 번 버스를 타야 하죠?

(4) 美国现在是晚上，可是韩国 ________ 是白天。

미국은 지금 저녁이지만, 한국은 오히려 낮입니다.

(5) 你 ________ 对了，她真的是从北京来的。

당신 추측이 맞았네요, 그녀는 정말 베이징 출신이에요.

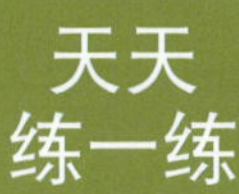

핵심문형 패턴연습하기

01 번거롭지만…… 麻烦您……

▶ 번거로우시겠지만 커피 한 잔 주세요.
麻烦您给我一杯咖啡。

▶ 번거로우시겠지만 다시 한 번 말씀해 주세요.
麻烦您再说一遍。

02 당신은 어떻게 …… 했나요? 你是怎么……的?

▶ 당신은 어떻게 오셨나요?
你是怎么来的?

▶ 당신은 어떻게 찾으셨나요?
你是怎么找到的?

관용표현

03 와, 정말 대단해요! 哇塞，真厉害！

저는 어제 하루 만에 이 소설책을 다 읽었어요.
A : 我昨天一天把这本小说看完了。

와, 정말 대단해요!
B : 哇塞，真厉害！

관용표현

04 별말씀을요! 不敢当！

진작에 당신이 중국어를 매우 잘 한다는 말을 들었습니다.
A : 早就听说您汉语说得特别好。

별말씀을요!
B : 不敢当，不敢当！

会话

（在公共汽车站）

章学友	麻烦您，我问一下，401路是在这儿坐车吗？
李美英	没错。再等5分钟，车就来了。
章学友	谢谢。听起来您不是本地人吧？
李美英	您是怎么知道的？我是从韩国来的。 您的口音听起来也不是本地人吧？
章学友	哇塞，你真厉害！那你猜猜我是从哪儿来的。
李美英	我猜你是从上海来的。
章学友	这你都猜得出来。你真是个中国通啊。
李美英	不敢当。其实，我最好的朋友是上海人。 当然听得出来上海口音了。
章学友	太巧了！我也是上海人。我们做个朋友吧！我叫章学友。
李美英	张学友？那你唱歌唱得肯定很好吧。
章学友	别误会，我的姓不是弓长张，而是立早章。学习的学，朋友的友。那我怎么称呼你呢？
李美英	我叫李美英，木子李，美丽的美，英国的英。你叫我美英好了。 很高兴又交了个上海朋友。
章学友	我也很高兴。告诉我你的手机号，以后我们常联系吧。

美英的日记

2013年4月7日　星期日　晴

今天等车的时候，偶然认识了一个新朋友。他是从上海来的，不过看起来却像北方人。个子高高的，身材不胖不瘦，性格幽默、大方。他叫章学友，他的名字让我大吃一惊。因为我最喜欢的歌星就是张学友，可是他们同名不同姓。要是他唱歌唱得好的话，那该多好啊！总之，今天很高兴认识了这位新朋友。

Zhāng Xuéyǒu	Máfan nín, wǒ wèn yíxià, sì líng yāo lù shì zài zhèr zuò chē ma?
Lǐ Měiyīng	Méicuò. Zài děng wǔ fēnzhōng, chē jiù lái le.
Zhāng Xuéyǒu	Xièxie. Tīng qǐlái nín búshì běndìrén ba?
Lǐ Měiyīng	Nín shì zěnme zhīdao de? Wǒ shì cóng Hánguó lái de.
	Nín de kǒuyin tīng qǐlái yě búshì běndìrén ba?
Zhāng Xuéyǒu	Wāsāi, nǐ zhēn lìhai! Nà nǐ cāicai wǒ shì cóng nǎr lái de.
Lǐ Měiyīng	Wǒ cāi nǐ shì cóng Shànghǎi lái de.
Zhāng Xuéyǒu	Zhè nǐ dōu cāi de chūlái. Nǐ zhēn shì ge Zhōngguótōng a.
Lǐ Měiyīng	Bù gǎndāng. Qíshí, wǒ zuìhǎo de péngyou shì Shànghǎirén.
	Dāngrán tīng de chūlái Shànghǎi kǒuyīn le.
Zhāng Xuéyǒu	Tài qiǎo le! Wǒ yě shì Shànghǎirén. Wǒmen zuò ge péngyou ba! Wǒ jiào Zhāng Xuéyǒu.
Lǐ Měiyīng	Zhāng Xuéyǒu? Nà, nǐ chàng gē chàng de kěndìng hěn hǎo ba.
Zhāng Xuéyǒu	Bié wùhuì, wǒ de xìng búshì gōng cháng zhāng, érshì lì zǎo zhāng. Xuéxí de xué, péngyou de yǒu. Nà wǒ zěnme chēnghu nǐ ne?
Lǐ Měiyīng	Wǒ jiào Lǐ Měiyīng, mù zǐ lǐ, měilì de Měi, Yīngguó de Yīng. Nǐ jiào wǒ Měiyīng hǎo le.
	Hěn gāoxìng yòu jiāo le ge Shànghǎi péngyou.
Zhāng Xuéyǒu	Wǒ yě hěn gāoxìng. Gàosu wǒ nǐ de shǒujī hào, yǐhòu wǒmen cháng liánxì ba.

Měiyīng de rìjì

èrlíngyīsān nián sì yuè qī rì   xīngqīrì   qíng

Jīntiān děng chē de shíhou, ǒurán rènshi le yí ge xīn péngyou. Tā shì cóng Shànghǎi lái de, búguò kàn qǐlái què xiàng běifāng rén. Gèzi gāogāo de, shēncái bú pàng bú shòu, xìnggé yōumò、dàfang. Tā jiào Zhāng Xuéyǒu, tā de míngzi ràng wǒ dà chī yì jīng. Yīnwèi wǒ zuì xǐhuan de gēxīng jiùshì Zhāng Xuéyǒu, kěshì tāmen tóng míng bù tóng xìng. Yàoshi tā chàng gē chàng de hǎo de huà, nà gāi duō hǎo a! Zǒngzhī, jīntiān hěn gāoxìng rènshi le zhè wèi xīn péngyou.

01 这你都猜得出来，

'猜得出来'는 가능보어의 긍정형으로, 부정형은 '猜不出来'로 표현한다. 동사+得/不+결과보어/방향보어는
동작의 결과나 방향이 실현 가능한지 아닌지를 나타낸다.

例句1 我们都猜不出来他到底是从哪儿来的。
우리는 모두 그가 도대체 어디에서 왔는지 추측할 수가 없다.

例句2 她看起来很年轻，很难猜得出来她的年龄。
그녀는 보기에는 아주 젊어 보여서 나이를 추측해 내기가 어렵다.

적절한 표현을 골라 빈칸을 채우세요.

猜得出来　看不出来　听得出来　吃不出来

① 妹妹＿＿＿＿＿＿＿＿牛肉和羊肉有什么不一样。

② 连她的男朋友都＿＿＿＿＿＿＿＿她整容了。

③ 一听口音就＿＿＿＿＿＿＿＿他不是本地人。

④ 谁能＿＿＿＿＿＿＿＿这部电影的名字？

02 我的姓不是弓长张，而是立早章。

'不是……，而是…'는 '……가 아니고, ……이다.'라는 의미의 접속사로, 선후 병렬관계를 나타낸다.

例句1 他不是不想告诉你，而是他也不知道是怎么回事。

그는 당신에게 알려주고 싶지 않았던 게 아니라, 그도 어떻게 된 일인지 몰랐어요.

例句2 就业难的问题不是因为工作少，而是因为年轻人的眼光太高。

취업난의 문제는 일자리가 적은 게 아니라, 젊은이들의 눈높이가 너무 높기 때문이다.

아래 문장을 완성하세요.

① 不是我不想帮你，而是____________________。

② ____________________，而是他不想花钱。

03 不过看起来却像北方人。

부사로, 일반적으로 주어 뒤에 놓이며, 반전의 상황에 쓰인다. '오히려, 도리어'의 의미를 가진다. '可是', '但是' 같은 전환의 의미가 있는 접속사와 함께 쓰인다.

例句1 虽然她每天不吃晚饭，可是她却胖了两公斤。

그녀는 매일 저녁을 안 먹었는데, 오히려 2kg이나 쪘다.

例句2 这双鞋贵是贵，质量却不错。

이 신발은 비싸긴 비싸지만, 품질은 오히려 좋다.

'却'가 들어갈 적절한 위치를 고르세요.

① 父母个子A都B很高，C可他D很矮。　（　　　）

② 我的朋友A学习B很努力，但是C成绩D不太好。　（　　　）

身材**不**胖**不**瘦，

'不A不B'는 'A도 아니고 B도 아니다'라는 의미로, A와 B는 일반적으로 단음절 반의어가 온다.

例句1 我最喜欢的季节是秋天，天气不冷也不热。

내가 제일 좋아하는 계절은 가을이다. 날씨가 춥지도 않고 덥지도 않다.

例句2 这件衣服不大不小，正合适。

이 옷은 크지도 작지도 않고 딱 맞다.

적절한 표현을 골라 빈칸을 채우세요.

不多不少　　不高不矮　　不长不短　不重不轻

① 这条裤子＿＿＿＿＿＿＿＿，我穿正好。

② 我们点的菜＿＿＿＿＿＿＿＿，都让我们吃光了。

③ 我男朋友的个子＿＿＿＿＿＿＿＿，正是我理想的身高。

④ 这台笔记本电脑＿＿＿＿＿＿＿＿，拿着很方便。

要是他唱歌唱得好的话，那该多好啊！

'要是……的话，那该多好啊！'는 가설 관계의 복문에 쓰이며, '要是'는 '如果'와 비슷하며, '要是……的话，就好了。'의 형식으로 표현한다.

例句1 要是一周休息三天的话，那该多好啊！

만약 일주일에 3일을 쉴 수 있다면, 얼마나 좋을까!

例句2 要是我会开车的话，那该多好啊！

만약 내가 차를 운전할 줄 안다면, 얼마나 좋을까!

아래 문장을 중국어로 번역하세요.

① 만약 시간이 느리게 간다면, 얼마나 좋을까!

→ ＿＿＿＿＿＿＿＿＿＿＿＿＿＿＿＿＿＿＿＿＿＿＿。

② 만약 나도 그녀처럼 예뻐진다면, 얼마나 좋을까!

→ ＿＿＿＿＿＿＿＿＿＿＿＿＿＿＿＿＿＿＿＿＿＿＿。

다음 질문에 대한 자신의 생각을 자유롭게 이야기해 보세요.

01 您贵姓？您怎么称呼？

1. 血型 xuèxíng
　명 혈액형

2. 星座 xīngzuò
　명 별자리

3. 外号 wàihào
　명 별명

4. 偶像 ǒuxiàng
　명 우상

02 你是哪年出生的？

03 你属什么？

04 你是什么血型[1]的？

05 你是什么星座[2]的？

06 你有外号[3]吗？

07 你是一个什么样的人？

08 你的偶像[4]是谁？

당신은 어떤 별자리인가요?

白羊座
báiyángzuò
양자리
3月21日 – 4月19日

金牛座
jīnniúzuò
황소자리
4月20日 – 5月20日

双子座
shuāngzǐzuò
쌍둥이자리
5月21日 – 6月21日

巨蟹座
jùxièzuò
게자리
6月22日 – 7月22日

狮子座
shīzizuò
사자자리
7月23日 – 8月22日

处女座
chǔnǚzuò
처녀자리
8月23日 – 9月22日

天秤座
tiānchèngzuò
천칭자리
9月23日 – 10月23日

天蝎座
tiānxiēzuò
전갈자리
10月24日 – 11月22日

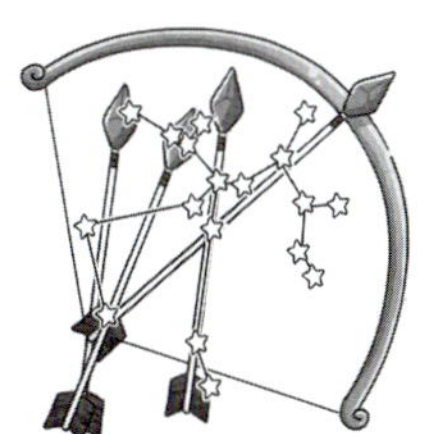

射手座
shèshǒuzuò
사수자리
11月23日 – 12月21日

摩羯座
mójiézuò
염소자리
12月22日 – 1月19日

水瓶座
shuǐpíngzuò
물병자리
1月20日 – 2月18日

双鱼座
shuāngyúzuò
물고기자리
2月19日 – 3月20日

친구를 소개해 봅시다.

姓名：赵丽娜
年龄：29岁
职业：护士
星座：处女座

姓名：张一欢
性别：男
职业：自由职业者
血型：A型

글로 표현하기

아래 단어와 관련하여 간단하게 자신을 소개해 봅시다.

姓名　　年龄　　职业　　爱好　　性格

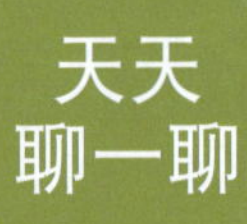

중국문화 엿보기

　　중국인들은 별자리에 관심이 많다. 우리나라 일간지에 띠별 운세가 매일 등장하듯, 중국 일간지와 유명 포탈사이트에는 별자리 운세가 등장한다. 중국판 트위터 '시나웨이보(新浪微博)에서는 별자리 정보만을 제공하는 페이지(http://astro.sina.com/cn)를 별도로 서비스하고 있는데, 여기에서 각 별자리의 기본적인 특징, 유명 인사 및 연예인의 별자리, 별자리 별 추천 패션 스타일 등의 정보가 회원간에 오가고 있다. 중국의 청소년과 20대는 이런 별자리 정보를 통해 운세나 궁합을 점쳐보고, 성격테스트 및 심리테스트를 본다. 이렇듯 별자리에 관심이 많은 중국의 젊은이 층을 겨냥한 기업들의 '별자리 마케팅'이 활발하다. 20대를 주 타깃으로 하는 식품, 의류, 전자 제품뿐만 아니라 향수, 액세서리 같은 제품의 특징을 각 별자리의 특징과 매치하여 감성적으로 표현하여 소비를 이끌어내고 있다. 한 결혼정보회사는 남성들을 대상으로 여성의 별자리에 따른 청혼 방법 12개를 SNS에 올려서 큰 인기를 끌기도 하였다. 중국인 대부분이 자기가 속한 별자리의 특징을 알고 있다고 하니 이들과 한층 더 가깝고 자연스러운 소통을 위해 자신의 별자리의 이름과 그것의 간단한 특징을 알아두자.

별자리	특징
양자리(白羊座)	적극적이고 용기가 있다.
황소자리(金牛座)	신뢰할 수 있고 안정적이다.
쌍둥이자리(双子座)	통찰력이 있고 유연하다.
게자리(巨蟹座)	내성적이고 민감한 성격이다.
사자자리(狮子座)	야망이 크고 리더십이 있다.
처녀자리(处女座)	완벽주의에 섬세하다.
천칭자리(天秤座)	세련된 감각에 인간관계가 좋다.
전갈자리(天蝎座)	카리스마가 넘치고 열정적이다.
사수자리(射手座)	낙관적이고 자유로운 성격이다.
염소자리(摩羯座)	현실감각이 있고 책임감이 높다.
물병자리(水瓶座)	창의력과 추진력을 겸비했다.
물고기자리(双鱼座)	상상력과 감수성이 풍부하다.

乔迁之喜

새 집으로 이사하는 즐거움

▶ 친구의 이사를 축하하기 위해서, 우리는 어떤 선물을 준비해야 할까요?

▶ 당신의 이상적인 집은 어떤 집인가요?

▶ 당신은 새 집을 어떻게 꾸밀 계획인가요?

□ 按照 ànzhào 개 ~에 따라(근거하여)
□ 卫生纸 wèishēngzhǐ 명 화장지
□ 亮 liàng 형 밝다, 환하다
□ 不如 bùrú 동 ~만 못하다
□ 卧室 wòshì 명 침실
□ 客厅 kètīng 명 응접실, 거실
□ 闲 xián 형 한가하다
□ 羡慕 xiànmù 동 부러워하다
□ 搬家 bān / jiā 동 이사하다
□ 庆祝 qìngzhù 동 축하하다

□ 习惯 xíguàn 명 습관
□ 洗涤用品 xǐdí yòngpǐn 세탁용품
□ 的确 díquè 부 확실히, 분명히
□ 参观 cānguān 동 참관하다
□ 厨房 chúfáng 명 주방
□ 阳台 yángtái 명 베란다
□ 经常 jīngcháng 부 항상, 늘
□ 水果 shuǐguǒ 명 과일
□ 满意 mǎnyì 동 만족하다
□ 乔迁之喜 qiáoqiān zhī xǐ 새 집으로 이사하는 즐거움

生词热身练习 단어연습 적절한 단어를 골라 빈칸을 채우세요.

(1) 韩国人去别人的新家做客时，经常准备 ＿＿＿＿ 和 ＿＿＿＿ 。

한국 사람은 다른 사람의 새 집에 집들이를 갈 때, 항상 화장지와 세탁용품을 준비한다.

(2) 最近我真不忙，＿＿＿＿ 得不知道该做点儿什么。

요즘 나는 정말 바쁘지 않고, 한가해서 무엇을 해야 할지 모르겠다.

(3) 我们总是 ＿＿＿＿ 别人过得比自己好。

우리는 항상 다른 사람이 자신보다 잘 지낸다고 부러워한다.

(4) ＿＿＿＿ 公司的规定，每迟到一次，扣30块工资。

회사의 규정에 따라, 한 번 지각할 때마다 30 위안의 임금을 삭감한다.

(5) 他 ＿＿＿＿ 不知道到底发生了什么事。

그는 확실히 무슨 일이 일어났는지 모른다.

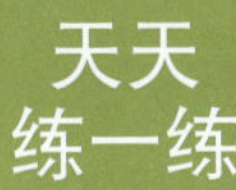

01 ……했을 줄은 생각지도 못했다. 没想到……

▶ 그녀가 벌써 결혼했을 줄은 생각지도 못했다.
没想到她已经结婚了。

▶ 그가 중국어를 이렇게 유창하게 할 지 생각지도 못했다.
没想到他汉语说得这么流利。

02 어떻게 ……해야 할지 모르겠다 不知道……好。

▶ 나는 어떻게 해야 좋을지 모르겠다.
我不知道怎么办才好。

▶ 그는 뭐라고 말해야 좋을지 몰랐다.
他不知道说点儿什么好。

03 저를 따라 ……해요. 跟我……。

▶ 저를 따라 읽어주세요.
请跟我读。

▶ 저와 함께 중국어를 공부해요.
跟我学汉语。

관용표현

04 천만에요. 哪里，哪里。

이것은 모두 당신 덕택입니다.
A : 这都是托您的福。

천만에요.
B : 哪里，哪里。

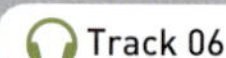

会话

王丽	欢迎，欢迎！快请进屋坐。
美娜	你的新家很好找，没想到这么容易就找到了。
王丽	我还担心你找不到呢。
美娜	我不知道带点儿什么好。按照我们韩国人的习惯，我买了一些卫生纸和洗涤用品。
王丽	你干嘛这么客气呀！
美娜	哪里，哪里。这是应该的。你的新家可真不错，又大又亮。
王丽	嗯，以前住的地方的确不如这儿。现在可是两室一厅啊。
美娜	那快带我参观一下儿吧。
王丽	跟我来。这个房间是卧室，卧室的对面是书房，书房和卧室的中间是卫生间，这儿是厨房，这儿是客厅。
美娜	房子真不小，这个小阳台看起来也不错。
王丽	闲着没事儿的时候，我经常在阳台看看书，听听音乐。
美娜	真羡慕你找到了这么好的房子。
王丽	只是运气好而已。来，我准备好了水果，咱们边吃边聊。

　　王丽搬了新家，她对她的新家满意得不得了。新家附近又有地铁站又有公园，而且是两室一厅。"两室"就是有两个房间，"一厅"就是有一个客厅。除此以外，还有卫生间、厨房和一个小阳台。闲着没事儿的时候，她经常在阳台看看书、听听音乐。

　　虽然房价有点儿贵，但是比以前的房子好多了。为了庆祝王丽的乔迁之喜，美娜买来了一些卫生纸和洗涤用品。其实，按照中国人的习惯，去别人家的时候可以买一些水果、鲜花、酒什么的。

Wáng Lì	Huānyíng, huānyíng! Kuài qǐng jìn wū zuò.
Měinà	Nǐ de xīn jiā hěn hǎo zhǎo, méi xiǎng dào zhème róngyì jiù zhǎodào le.
Wáng Lì	Wǒ hái dān xīn nǐ zhǎo bú dào ne.
Měinà	Wǒ bù zhīdao dài diǎnr shénme hǎo. Ànzhào wǒmen Hánguórén de xíguàn, wǒ mǎi le yìxiē wèishēngzhǐ hé xǐdí yòngpǐn.
Wáng Lì	Nǐ gànmá zhème kèqi ya!
Měinà	Nǎlǐ, nǎlǐ. Zhè shì yīnggāi de. Nǐ de xīn jiā kě zhēn búcuò, yòu dà yòu liàng.
Wáng Lì	Èng, yǐqián zhù de dìfang díquè bùrú zhèr. Xiànzài kěshì liǎng shì yì tīng a.
Měinà	Nà kuài dài wǒ cānguān yíxiàr ba.
Wáng Lì	Gēn wǒ lái. Zhège fángjiān shì wòshì, wòshì de duìmiàn shì shūfáng, shūfáng hé wòshì de zhōngjiān shì wèishēngjiān, zhèr shì chúfáng, zhèr shì kètīng.
Měinà	Fángzi zhēn bù xiǎo, zhège xiǎo yángtái kàn qǐlái yě búcuò.
Wáng Lì	Xiánzhe méishìr de shíhou, wǒ jīngcháng zài yángtái kànkan shū, tīngting yīnyuè.
Měinà	Zhēn xiànmù nǐ zhǎodào le zhème hǎo de fángzi.
Wáng Lì	Zhǐshì yùnqi hǎo éryǐ. Lái, wǒ zhǔnbèi hǎo le shuǐguǒ zánmen biān chī biān liáo.

Wáng Lì bān le xīn jiā, tā duì tā de xīn jiā mǎnyì de bù dé liǎo. Xīn jiā fùjìn yòu yǒu dìtiězhàn yòu yǒu gōngyuán, érqiě shì liǎng shì yì tīng. "Liǎng shì" jiùshì yǒu liǎng ge fángjiān, "yì tīng" jiùshì yǒu yí ge kètīng. Chúcǐ yǐwài, háiyǒu wèishēngjiān、chúfáng hé yí ge xiǎo yángtái. Xiánzhe méishìr de shíhou, tā jīngcháng zài yángtái kànkan shū、tīngting yīnyuè.

Suīrán fángjià yǒudiǎr guì, dànshì bǐ yǐqián de fángzi hǎo duō le. Wèile qìngzhù wáng Lì de qiáoqiān zhī xǐ, Měinà mǎilái le yìxiē wèishēngzhǐ hé xǐdí yòngpǐn. Qíshí, Ànzhào Zhōngguórén de xíguàn, qù biérén jiā de shíhou kěyǐ mǎi yìxiē shuǐguǒ、xiānhuā、jiǔ shénme de.

어법 익히기

---

01 **你的新家很好找，没想到这么容易就找到了。**

여기서 '好'는 '容易(쉽다), 不难(어렵지 않다)'는 의미이다.

例句1 对大学生来说，最近毕业以后可不好找工作。

대학생의 입장에서 보면, 최근 졸업 후에 일자리를 찾기가 정말 쉽지 않다.

例句2 汉语的汉字又多又难，所以大部分外国人以为汉语不好学。

중국어의 한자는 많기도 하고 어렵기도 하다. 그래서 대부분의 외국인은 중국어를 배우기가 쉽지 않다고 생각한다.

> **써보기 연습하기**
>
> 아래 문장을 완성하세요.
>
> ① 每到春节的时候，中国人都要回老家过年，那时候的车票真 ______________。(买)
>
> ② 她的电话号码很__________(记)，我一听就记住了。

---

02 **你干嘛这么客气呀！**

'干嘛'는 때로는 '干吗'로 쓰기도 하며, 원래 의미는 '干什么、做什么(뭐 해요?)'의 뜻이다. 회화에서 자주 사용하는 표현이며, '怎么'용법과 비슷하며, '不用(~할 필요 없다)'의 의미이다.

例句1 他只是开个玩笑而已，你干嘛这么生气。

그는 농담을 했을 뿐인데, 당신은 어째서 이렇게 화를 내세요.

例句2 你一个人生活，干嘛一次买这么多吃的啊。

당신은 혼자 사는데, 어째서 한 번에 먹을 것을 이렇게 많이 샀어요.

> **써보기 연습하기**
>
> 아래 문장을 중국어로 번역하세요.
>
> ① 당신은 어째서 그렇게 먼 곳까지 운동하러 가세요?
>
> → ______________。
>
> ② 당신은 나이도 아직 어린데, 어째서 이렇게 일찍 결혼하려고 하세요.
>
> → ______________。

03 以前住的地方的确不如这儿。

'不如'는 '比不上(~보다 못하다)'의 의미이다. 앞에 언급한 사람이나 사물이 뒤에 제시하는 사람이나 사물보다 못하다는 뜻이다. 두 개를 비교할 때 자주 쓰이며, 'A不如B' 뒤의 술어는 생략할 수 있다.

(1) "A不如B", 说明B比A好。　B가 A보다 낫다.

例句1 近几年爷爷的身体不如前几年了。
최근 할아버지의 건강은 예전만 못하다.

例句2 百闻不如一见。
한 번 보는 것이 백 번 듣는 것보다 낫다.

(2) "A不如B……"。　A는 B보다 못하다.

例句1 今年夏天的雨可不如去年的雨下得大。
올해 여름에는 비가 작년만큼 많이 내리지 않았다.

例句2 去济州岛旅游不如去海外旅游好。
제주도로 여행가는 것은 해외로 여행가는 것만 못하다.

바꾸어 말하기

아래 형식에 따라 문장을 바꿔 보세요.

> 运动减肥, 节食减肥。 → 节食减肥不如运动减肥。

① 周末在家休息, 周末去户外活动。
→ ____ 。

② 今晚在家吃饭, 去外面吃饭。
→ ____ 。

04 **咱们边吃边聊。**

'边…, 边…'은 동사 앞에 쓰이며, 두 가지 종류 혹은 두 가지 이상의 동작이 동시에 진행됨을 나타낸다. '一边…, 一边…'의 형식이 더욱 자주 쓰이며, '…하면서 …하다'라는 의미를 가진다.

例句1 妈妈一边听音乐一边打扫房间。
엄마는 음악을 들으면서 방을 청소하신다.

例句2 男朋友一边弹吉他，一边唱歌。
남자 친구는 기타를 치면서 노래를 부른다.

"边…, 边…"을 사용해 아래 문장을 바꿔 보세요.

① 王丽经常写作业的时候听音乐。→ _______________。

② 爸爸开车的时候跟妈妈聊天儿。→ _______________。

③ 她看这部电影的时候哭了。→ _______________。

④ 小明走路的时候听MP3。→ _______________。

⑤ 弟弟喜欢吃饭的时候看电视。→ _______________。

05 **搬了新家，她对她的新家满意得不得了。**

'A得不得了'는 정도가 심함을 나타내며, "술어+得不得了"가 자주 쓰이는 형식이다.

例句1 听说HSK考试合格以后，她高兴得不得了。
HSK 시험에 합격했다는 얘기를 듣고, 그녀는 기쁘기 그지 없다.

例句2 到了国庆节，来北京观光的外地游客多得不得了。
국경절이 되면, 베이징에 관광하러 오는 타지 관광객이 너무 많다.

'……得不得了'를 사용해 아래 문장을 바꿔 보세요.

① 她男朋友对她非常好。

→ _______________。

② 做了整容手术以后，她特别漂亮。

→ _______________。

다음 질문에 대한 자신의 생각을 자유롭게 이야기해 보세요.

01 你住在哪儿？

02 你家有几个房间？说说每个房间的名称。

03 说一说你理想的房子。

04 选择房子的时候，你觉得哪一方面最重要？

05 你一共搬过几次家？

06 最近你有没有搬家计划？为什么？

07 在你们国家，搬家时有什么要注意的吗？

08 你去过外国朋友的家吗？简单说一说。

아래 그림에 나오는 새 단어를 배워 봅시다.

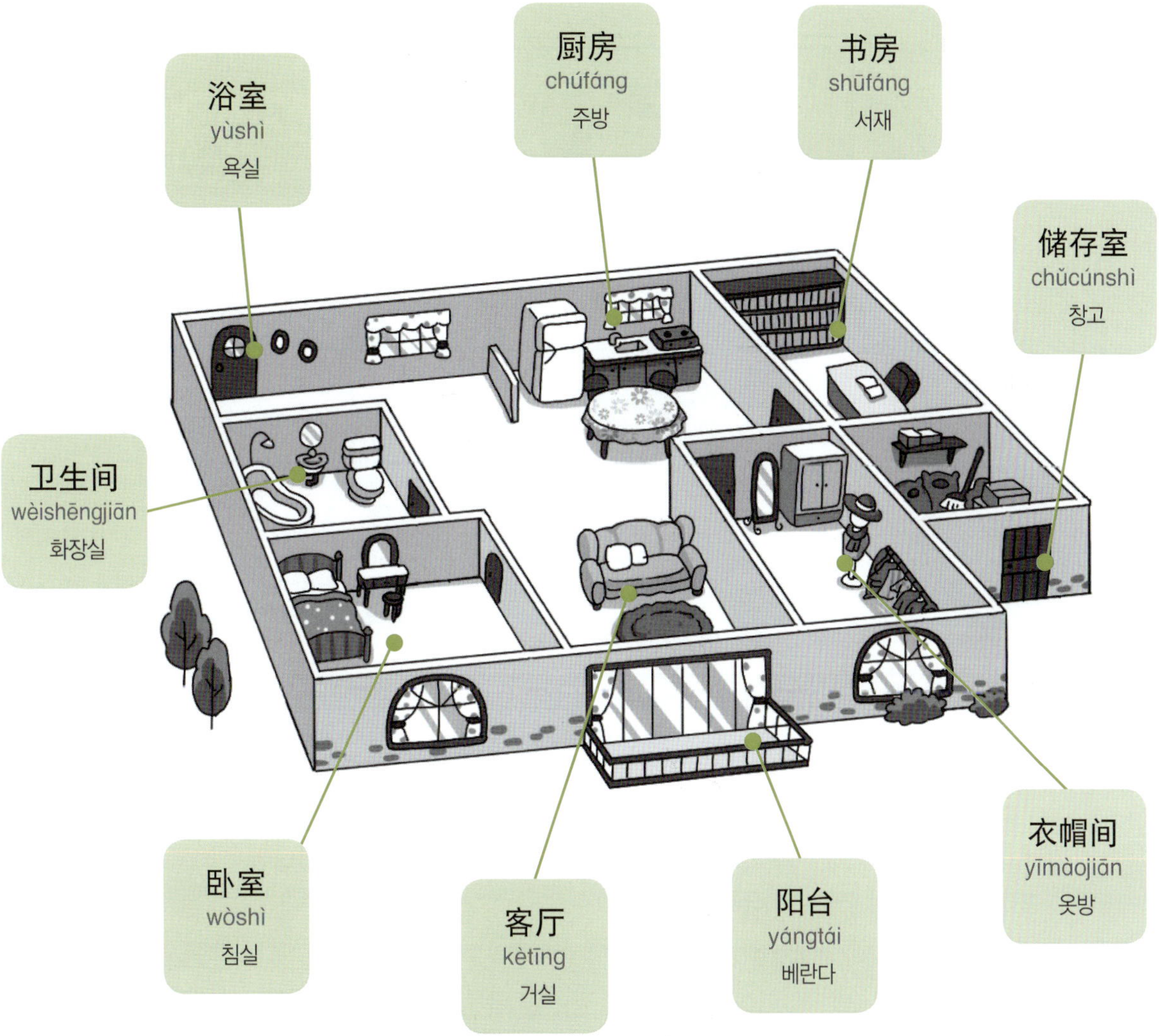

그림을 보고, 이 방에는 어떤 것들이 배치되어 있는지 얘기해 보세요.

天天
写一写

글로 표현하기

아래 단어와 관련하여 자신의 이상적인 새 집에 대해 얘기해 보세요.

大小　　楼层　　布局　　环境　　交通

天天
聊一聊

중국문화 엿보기

하우스 푸어 '팡누(房奴)'

　막대한 주택담보대출금을 갚느라 다른 소비는 엄두조차 내지 못하는 사람들을 '하우스 푸어'이라 칭한다. 중국에서는 집을 사기 위해 평생을 노예처럼 일해야 한다고 해서 이들을 '팡누(房奴)'라고 부른다. 중국정부가 1998년부터 개인 주택 소유를 장려한 이후 주택가격은 계속 상승하여 2004년 즈음부터 대부분의 중산층은 대출로 집을 사기 시작하였다. 이들은 월급의 30%에서 많게는 50%에 달하는 돈을 집 대출금을 갚는데 쓴다. 유동인구가 가장 많은 지역의 중형 아파트 한 채의 값이 중산층 근로자의 40년치 연봉과 맞먹는다고 한다. 이러한 중국 주요도시의 부동산 시장의 상승세는 몇 년간 지속될 것으로 전망된다. 이렇다 보니 팡누족은 생활 수준이 점점 낮아지고 감히 직업을 바꾸지 못하며 여가생활이나 여행은 꿈도 꾸지 못하는 실정이다.

　반면 도심에 10채가 넘는 아파트를 소유한 주택 부자도 수두룩하다. 양도소득세 제도가 우리나라와 같이 엄격하지 않아서 돈 많은 사람들이 투기를 목적으로 일단 집이나 사무실을 사 놓고 부동산의 값이 오르면 바로 팔아서 이익을 남기는 것이 가능하다. 전형적인 부동산 버블 형성 단계를 밟고 있는 현재의 중국 경제에서 집값은 가장 뜨거운 감자임에 틀림없다.

베이징의 공공주택

Unit 3

麦当劳出了款新汉堡
맥도날드에서 새 햄버거를 출시하다

▶ 당신이 아는 중국어에서 '외래어'는 몇 개인가요?

▶ 어떻게 하면 중국어의 '외래어'를 쉽게 기억할 수 있을까요?

▶ 음역과 의역은 무슨 의미일까요?

Track 09

□ 款 kuǎn 양 스타일, 모양
□ 主意 zhǔyi 명 취지, 생각
□ 发现 fāxiàn 동 발견하다
□ 腿 tuǐ 명 다리
□ 迷 mí 동 빠지다, 심취하다
□ 意译 yìyì 동 의역하다, 외국어의 음을 따지 않고 뜻으로 역어를 만들다
□ 鸡尾酒 jīwěijiǔ 명 칵테일
□ 表示 biǎoshì 동 표현하다, 표시하다
□ 麦当劳 Màidāngláo 고유 맥도날드
□ 巨无霸 Jùwúbà 고유 빅맥

□ 汉堡 hànbǎo 명 햄버거
□ 正好 zhènghǎo 부 마침, 때마침
□ 了解 liǎojiě 동 (자세하게 잘) 알다, 이해하다
□ 比萨饼 bǐsàbǐng 명 피자
□ 音译 yīnyì 동 음역하다
□ 相反 xiāngfǎn 접 상반되다, 반대되다
□ 翻译 fānyì 동 번역하다
□ 肯德基 Kěndéjī 고유 KFC
□ 必胜客 Bìshèngkè 고유 피자헛

生词热身练习　단어연습 다음 단어를 중국어로 바꿔 보세요.

1 KFC

2 맥도날드

3 햄버거

4 피자헛

5 핫도그

6 콜라

7 피자

8 칵테일

01 차라리 ······해요. **还是······吧。**

▶ 차라리 우리 일찍 출발하는 게 좋겠어요.
咱们还是早点儿出发吧。

▶ 차라리 당신은 내일 다시 오는 게 낫겠어요.
你还是明天再来吧。

02 ······부터 시작해요. **从······开始**

▶ 내일부터 매일 운동해야겠어요.
从明天开始，我要坚持每天运动。

▶ 이번 달 수업은 1과부터 시작합니다.
这个月的课从第一课开始。

03 보아하니 **看样子······**

▶ 보아하니, 그는 아직 이 비밀을 모르는 것 같다.
看样子，他还不知道这个秘密。

▶ 우리 기다리지 말아요, 보아하니 그녀는 안 올 것 같아요.
我们别等了，看样子她不会来了。

관용표현

04 좋은 생각이에요! **好主意！**

우리 이번 주말에 공원에 가요, 어때요?
A：这周末咱们去公园，怎么样？

좋은 생각이에요!
B：好主意啊！

会话

彼得	听说麦当劳出了一款新汉堡，咱们中午去尝尝，怎么样？
金大韩	好主意！正好我今天也想换换口味。
彼得	比起麦当劳，我发现中国人更喜欢肯德基。
金大韩	"肯德基"是什么呀？
彼得	"肯德基"就是KFC，学习汉语要先从汉语里的外来语开始。
金大韩	看样子你很了解中国的外来语啊。
彼得	当然了。比如说，麦当劳的"巨无霸"、肯德基的"鸡腿汉堡"、必胜客的"比萨饼"、星巴克的"美式咖啡"。
金大韩	你说的都是什么呀？我怎么都听不懂呢？
彼得	这些就是汉语里的外来语，最近我迷上了研究外来语。你知道"热狗"是什么意思吗？
金大韩	这还不简单？热是"hot"，狗是"dog"，热狗不就是英语的"hot dog"嘛。
彼得	真聪明，其实汉语里的外来语有的是音译，有的是意译。
金大韩	对了，我还知道一个意译的外来语鸡尾酒，"cocktail"。
彼得	汉语的外来语真是越学越有意思啊。

　　对学习汉语的外国人来说，外来语常常是一个让人头疼的问题。其实外来语没有我们想的那么难，相反越学越有意思。汉语里的外来语可分为音译和意译两种。音译就是把外语的发音用汉字表示出来。比如说：咖啡、可乐、巧克力、汉堡包等等。意译就是按照意思把外语翻译成汉语，我们知道的热狗、鸡尾酒都是意译翻译过来的。那么请你猜猜"green food"用汉语怎么翻译？是音译还是意译呢？

Bǐdé	Tīng shuō Màidāngláo chū le yì kuǎn xīn hànbǎo, zánmen zhōngwǔ qù chángchang, zěnmeyàng?
Jīn Dàhán	Hǎo zhǔyi! Zhènghǎo wǒ jīntiān yě xiǎng huànhuan kǒuwèi.
Bǐdé	Bǐqǐ Màidāngláo, wǒ fāxiàn Zhōngguórén gèng xǐhuan Kěndéjī.
Jīn Dàhán	"Kěndéjī" shì shénme ya?
Bǐdé	"Kěndéjī" jiùshì KFC, xuéxí Hànyǔ yào xiān cóng Hànyǔ lǐ de wàiláiyǔ kāishǐ.
Jīn Dàhán	Kàn yàngzi nǐ hěn liǎojiě Zhōngguó de wàiláiyǔ a.
Bǐdé	Dāngrán le. Bǐrú shuō, Màidāngláo de "Jùwúbà"、Kěndéjī de "Jītuǐ hànbǎo"、Bìshèngkè de "Bǐsàbǐng"、Xīngbākè de "Měishì kāfēi".
Jīn Dàhán	Nǐ shuō de dōu shì shénme ya? Wǒ zěnme dōu tīng bù dǒng ne?
Bǐdé	Zhèxiē jiùshì Hànyǔ lǐ de wàiláiyǔ, zuìjìn wǒ míshàng le yánjiū wàiláiyǔ. Nǐ zhīdao "règǒu" shì shénme yìsi ma?
Jīn Dàhán	Zhè hái bù jiǎndān? Rè shì "hot", gǒu shì "dog", règǒu bú jiùshì Yīngyǔ de "hot dog" ma.
Bǐdé	Zhēn cōngming, qíshí Hànyǔ lǐ de wàiláiyǔ yǒude shì yīnyì, yǒude shì yìyì.
Jīn Dàhán	Duì le, wǒ hái zhīdao yí ge yìyì de wàiláiyǔ Jīwěijiǔ, "cocktail."
Bǐdé	Hànyǔ de wàiláiyǔ zhēn shì yuè xué yuè yǒu yìsi a.

Duì xuéxí Hànyǔ de wàiguórén lái shuō, wàiláiyǔ chángcháng shì yí ge ràng rén tóu téng de wèntí. Qíshí wàiláiyǔ méiyǒu wǒmen xiǎng de nàme nán, xiāngfǎn yuè xué yuè yǒu yìsi. Hànyǔ lǐ de wàiláiyǔ kě fēnwéi yīnyì hé yìyì liǎng zhǒng. Yīnyì jiùshì bǎ wàiyǔ de fāyīn yòng hànzì biǎoshì chūlái. Bǐrú shuō: kāfēi、kělè、qiǎokèlì、hànbǎobāo děngděng. Yìyì jiùshì ànzhào yìsi bǎ wàiyǔ fānyì chéng Hànyǔ, wǒmen zhīdao de règǒu、jīwěijiǔ dōu shì yìyì fānyì guòlái de. Nàme qǐng nǐ cāicai "green food" yòng Hànyǔ zěnme fānyì? Shì yīnyì háishì yìyì ne?

어법 익히기

01 **正好**我今天也想换换口味。

'正好'는 마침, 바로라는 뜻이다. 시간이나 위치가 앞이나 뒤가 아니고, 부피가 크지도 작지도 않으며, 수량이 많거나 적지 않고, 정도가 높거나 낮지 않다는 의미가 있다.

例句1 我想打电话叫你来，你正好来了。
내가 전화를 해서 당신을 부르고 싶었는데, 마침 왔네요.

例句2 昨天在超市买东西，正好花了300块钱。
어제 마트에서 물건을 샀는데, 딱 300 위안 썼다.

아래 문장을 중국어로 번역하세요.

① 여동생은 키가 1m 65cm이고, 몸무게가 뚱뚱하지도 않고 마르지도 않고, 딱 50kg이다.

→ ____ 。

② 우리 같이 백화점에 구경하러 가요, 내가 마침 치마를 하나 사고 싶어요.

→ ____ 。

02 **比起**麦当劳，我发现中国人更喜欢肯德基。

'比起…'는 '和/跟…比起来' 용법과 유사하며, '…과 비교하면'의 의미가 있다. 비교한 후의 결과는 뒷 절에 온다.

例句1 比起腻的菜，我更喜欢吃清淡的菜。
느끼한 음식에 비해, 나는 담백한 음식이 더 좋다.

例句2 比起喝烧酒，咱们不如喝点儿红酒。
소주를 마시는 것 보다는 차라리 와인을 조금 마시는 게 낫겠다.

확인해 보아요

'比起…'를 사용해 아래 문장을 바꿔 보세요.

① 中国人口比美国人口多多了。

→ ____。

② 旅行的时候，穿裤子比穿裙子更舒服。

→ ____。

③ 外边下雨了，去外边吃不如在家吃。

→ ____。

03 最近我迷上了研究外来语。

'上'은 결과보어로, 동사 술어 뒤에 쓰이며, '시작하다, 지속하다'는 의미를 가진다.

例句1 我们第一次见面的时候，就喜欢上了对方。

우리가 처음 만났을 때, 단번에 서로를 좋아하게 되었다.

例句2 昨天逛商店的时候，我看上了一双运动鞋。

어제 상점에서 아이쇼핑할 때, 운동화 한 켤레를 봐 두었다.

적절한 표현을 골라 빈칸을 채우세요.

迷上　　议论上　　聊上　　唱上

① 他们俩一见面就________了童年的往事。

② 他的话刚说完，大家就________了。

③ 你是什么时候________看足球比赛的?

④ 看起来王丽的心情不错，一来就________歌儿了。

04

这还不简单?

'还'는 반문의 어기를 표현하며, 강조의 의미를 가진다.

例句1 难道你还不相信吗?
설마 당신은 아직도 믿지 못하는 거예요?

例句2 那还用说。
말할 것도 없죠.(그렇고 말고!)

'还'를 이용해 아래 문장을 바꿔 보세요.
① 你应该听说她的好消息了吧。
→ ____ 。

② 你应该知道他是从韩国来的。
→ ____ 。

意译就是按照意思把外语翻译成汉语。

'把A+动词+成B'는 '把'자문 중 자주 쓰이는 표현 형식이다. '动词A+成B'는 틀린 표현으로, 이때는 반드시 '把A+动词+成B'로 표현해야 한다.

例句1 我刚才把十点听成了四点。
나는 방금 10시를 4시로 들었다.

例句2 请你把这些韩币换成人民币。
이 한화를 인민폐로 바꿔주세요.

아래 문장을 중국어로 번역하세요.
① 나는 나의 전화번호를 엄마의 전화번호로 적었다.
→ ____ 。

② 당신이 이 문장들을 중문으로 번역해 주세요.
→ ____ 。

다음 질문에 대한 자신의 생각을 자유롭게 이야기해 보세요.

01 你知道"快餐"是什么意思吗?

1. 优缺点
yōu quē diǎn
몡 좋은 점과 나쁜 점

02 你喜欢吃快餐吗? 多长时间吃一次?

2. 垃圾食品
lājī shípǐn
몡 정크 푸드(junk food)

03 说说你常吃的快餐。

04 你去过中国的快餐店吗?

05 在中国肯德基更受欢迎,在韩国呢?

06 简单谈谈快餐的优缺点[1]。

07 你知道"垃圾食品[2]"是什么意思吗?

08 人们把快餐说成垃圾食品,你同意吗?

중국어의 외래어 중 장소 명사를 배워 봅시다.

汉堡王 Hànbǎowáng 버거킹

沃尔玛 Wò'ěrmǎ 월마트

赛百味 Sàibǎiwèi 서브웨이

易买得 Yìmǎidé 이마트

巴黎贝甜 Bālíbèitián 파리바게뜨

乐天玛特 Lètiānmǎtè 롯데마트

香啡缤 Xiāngfēibīn 커피빈

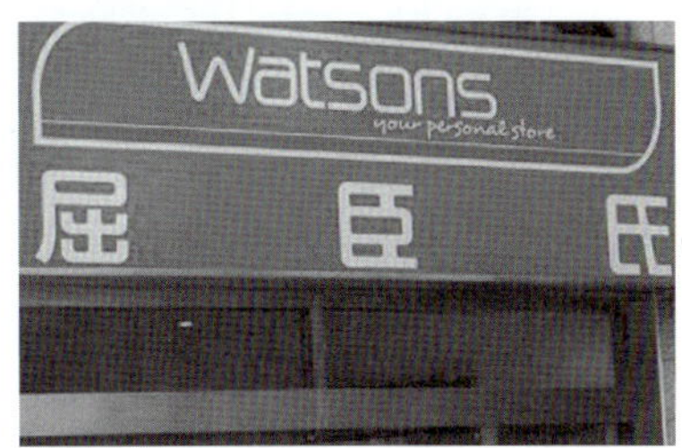

屈臣氏 Qūchénshì 왓슨스

아래 두 외국 명절문화를 보고, 간단하게 얘기해 보세요.

情人节 Qíngrénjié

圣诞节 Shèngdànjié

아래 중국어의 외래어를 단문의 알맞은 곳에 써 넣으세요.

高尔夫球	三星	巴黎贝甜	易买得
哈根达斯	麦当劳	星巴克	保龄球

汉语里有很多外来语，有的是音译，有的是意译。其实在我们一天的生活中，要用到很多外来语。拿彼得的一天来说吧，他的早饭是＿＿＿＿＿的汉堡包和＿＿＿＿＿的咖啡。他用的手机是＿＿＿＿＿的，喜欢的运动是打＿＿＿＿＿和打＿＿＿＿＿。周末的时候，他很喜欢和朋友去逛＿＿＿＿＿超市。超市的一层有＿＿＿＿＿冰淇淋店和＿＿＿＿＿面包店。逛完超市，他特别喜欢和朋友在那儿一边吃东西，一边聊天儿。别提有多享受了。

중국의 크리스마스

중국은 유물론(唯物論)의 관점을 중요시하는 사회주의 국가 체제로 인해 종교적 활동이 비교적 제한되어 있다. 물론 법적으로 종교의 자유는 허용하고 있지만, 대부분의 중국인들은 도교 사상에 바탕을 둔 민간신앙을 더 믿고 있다. 하지만 최근 중국이 시장경제를 도입하기 시작하면서 서구의 문물과 문화가 대량으로 흡수되어 동양과 서양이 어우러진 새로운 문화 현상이 나타나고 있다. 圣诞节, 즉 크리스마스가 되면 중국인들은 교회나 성당을 찾아 예배(미사)를 드리고, 친구나 연인끼리 만나 정성스레 준비한 선물을 교환하거나 근사한 레스토랑에서 식사를 한다. 거리에는 크리스마스 트리(圣诞树)가 장식되고 캐럴(圣诞歌曲)이 울려 퍼진다. 크리스마스 이브는 圣诞节前夕라고 하는데 다른 말로 '핑안예(平安夜)'라고도 부른다. 크리스마스 캐럴 중 '고요한 밤 거룩한 밤'에서 유래한 말이다. 핑안예에는 가족과 친척, 친구끼리 1년간의 평안을 축원하며 '핑안궈(平安果)', 즉 사과를 서로 주고받는다. 사과에 크리스마스 장식이나 메시지를 새기고 포장을 하는데, 이는 근래에 생긴 풍속으로 크리스마스 시즌이 되면 사과 값이 오르기도 한다. 이렇듯 중국인들도 성탄절을 즐기지만 중국에서 성탄절은 공휴일로 지정되어 있지 않다. 달력에도 표기되지 않는 경우가 많다. 오히려 중국인들은 종교적 의미보다도 문화적 경제적 의미에서 성탄절을 즐긴다.

핑안궈

你喜欢晴天还是雨天?

맑은 날이 좋아요, 비 오는 날이 좋아요?

▶ 당신은 중국의 일기예보를 보고 이해할 수 있나요?
▶ 중국도 장마철이 있나요?
▶ 당신은 맑은 날이 좋아요, 비 오는 날이 좋아요?

Track 13

- □ 丢 diū 동 잃어버리다
- □ 雨季 yǔjì 명 우기, 장마
- □ 阴雨绵绵 yīnyǔmiánmián 장마가 계속되다
- □ 顺便 shùnbiàn 부 ~하는 김에
- □ 防晒 fángshài 동 자외선을 차단하다
- □ 气氛 qìfēn 명 분위기
- □ 泡菜饼 pàocàibǐng 명 김치전
- □ 聚 jù 동 모이다
- □ 气温 qìwēn 명 기온
- □ 桑拿天 sāngnátiān 명 습하고 무더운 날씨, 사우나 날씨

- □ 天气预报 tiānqì yùbào 일기예보
- □ 中旬 zhōngxún 명 중순
- □ 晴天 qíngtiān 명 맑은 날씨
- □ 暴热 bàorè 형 갑자기 몹시 덥다
- □ 郁闷 yùmèn 형 마음이 답답하고 괴롭다
- □ 米酒 mǐjiǔ 명 막걸리
- □ 享受 xiǎngshòu 동 즐기다
- □ 订位 dìngwèi 동 자리를 예약하다
- □ 潮湿 cháoshī 형 습하다

生词热身练习 단어연습 ∷ 적절한 단어를 골라 빈칸을 채우세요.

(1) 什么时候有时间我们 ________ 一下吧。

언제든 시간 날 때 우리 한번 모여요.

(2) 她和男朋友分手了, 所以心情很 ________ 。

그녀와 남자 친구는 헤어졌다. 그래서 기분이 답답하고 괴롭다.

(3) 你去北京的时候, ________ 帮我买本汉语书吧。

당신이 베이징에 가는 김에 중국어 책 한 권을 사다 주세요.

(4) 这家饭店的 ________ 不错，很受年轻人的欢迎。

이 식당의 분위기가 괜찮아요, 젊은 사람들이 좋아해요.

(5) 天气预报说周末是 ________ ，我们去爬山吧。

일기예보에서 주말은 맑은 날씨래요, 우리 등산가요.

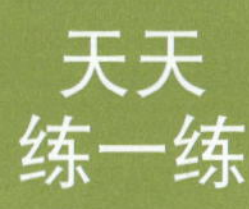

핵심문형 패턴연습하기

---

01 가장 좋기로는 ······ **最好······**

▶ 옷을 많이 입는 게 좋을 거예요.
你最好多穿点儿衣服。

▶ 다음 번에는 일찍 오는 게 좋을 거예요.
下次最好早点儿来。

---

02 어쩐지 ······, 알고 보니 ······ **怪不得······，原来······**

▶ 어쩐지 그가 중국어를 잘한다 했더니, 알고 보니 중국 사람이었군요.
怪不得他汉语说得这么好，原来他是中国人。

▶ 어쩐지 그가 수업에 안 온다 했더니, 알고 보니 병이 났군요.
怪不得最近他没来上课，原来他病了。

---

03 얼마나 ······ 한지 말도 마요. **别提多······了。**

▶ 어찌나 비싼지 말도 마요.
别提多贵了。

▶ 얼마나 바쁜지 말도 마요.
别提多忙了。

---

04 어찌된 일인지 몰라도 ······ **不知怎么的······**

▶ 어찌된 일인지 몰라도, 오늘은 특히 케이크가 먹고 싶어요.
不知怎么的，今天特别想吃蛋糕。

▶ 어찌된 일인지 몰라도, 요새 기분이 좋아요.
不知怎么的，最近心情很好。

会话

张学明　外边下雨了。你带雨伞了吗？

金大韩　我的雨伞丢了，还没买新的呢。
　　　　我听天气预报说今天没有雨啊。

张学明　现在是雨季，最好每天带着雨伞。

金大韩　上海也有雨季吗？这我可是第一次听说。

张学明　每年六月中旬到七月中上旬是上海的雨季。

金大韩　怪不得最近每天阴雨绵绵，看不到一个晴天，原来是雨季来了。

张学明　顺便告诉你，雨季过后，大概从8月开始，天气会暴热的。
　　　　到时候你可要做好防晒。

金大韩　是吗？虽然我喜欢晴天，但是我可不喜欢被太阳晒。
　　　　对了，你喜欢晴天还是雨天？

张学明　以前我不喜欢雨天。一下雨，心情就郁闷。可是现在不知怎
　　　　么的，越来越喜欢雨天的浪漫气氛。

金大韩　我喜欢下雨的时候和朋友们一边喝米酒一边吃泡菜饼，别提
　　　　多享受了。

张学明　既然说到这儿，晚上我们就约几个朋友聚聚吧。

金大韩　好啊，好久没喝米酒了，我现在就打电话订位。

　　上海的雨季是从每年六月中旬到七月中旬。雨季过后，从八月开始，上海的天气会暴热。白天最高气温大概在四十度左右，夜间最低气温也二十八九度。和韩国不一样的是上海的夏天非常潮湿，所以你会感觉到很闷热。人们把这样的天气叫"桑拿天"。为了防晒，"桑拿天"出门要带阳伞，雨天出门要带雨伞。看来人们每天都要带着伞了。

Zhāng Xuémíng	Wàibian xià yǔ le. Nǐ dài yǔsǎn le ma?
Jīn Dàhán	Wǒ de yǔsǎn diū le, hái méi mǎi xīn de ne.
	Wǒ tīng tiānqì yùbào shuō jīntiān měiyǒu yǔ a.
Zhāng Xuémíng	Xiànzài shì yǔjì, zuìhǎo měitiān dài zhe yǔsǎn.
Jīn Dàhán	Shànghǎi yě yǒu yǔjì ma? Zhè wǒ kěshì dì yí cì tīng shuō.
Zhāng Xuémíng	Měinián liù yuè zhōngxún dào qī yuè zhōng shàngxún shì Shànghǎi de yǔjì.
Jīn Dàhán	Guài bu de zuìjìn měitiān yīnyǔmiánmián, kàn bú dào yí ge qíngtiān, yuánlái shì yǔjì lái le.
Zhāng Xuémíng	Shùnbiàn gàosu nǐ, yǔjì guòhòu, dàgài cóng bā yuè kāishǐ, tiānqì huì bàorè de.
	Dào shíhòu nǐ kě yào zuòhǎo fángshài.
Jīn Dàhán	Shì ma? Suīrán wǒ xǐhuan qíngtiān, dànshì wǒ kě bù xǐhuan bèi tàiyáng shài.
	Duì le, nǐ xǐhuan qíngtiān háishì yǔtiān?
Zhāng Xuémíng	Yǐqián wǒ bù xǐhuan yǔtiān. Yí xià yǔ, xīnqíng jiù yùmèn. Kěshì xiànzài bùzhī zěnme de, yuè lái yuè xǐhuan yǔtiān de làngmàn qìfēn.
Jīn Dàhán	Wǒ xǐhuan xià yǔ de shíhou hé péngyoumen yìbiān hē mǐjiǔ yìbiān chī pàocàibǐng, bié tí duō xiǎngshòu le.
Zhāng Xuémíng	Jìrán shuō dào zhèr, wǎnshang wǒmen jiù yuē jǐ ge péngyou jùju ba.
Jīn Dàhán	Hǎo a, hǎojiǔ méi hē mǐjiǔ le, wǒ xiànzài jiù dǎ diànhuà dìngwèi.

Shànghǎi de yǔjì shì cóng měinián liùyuè dào qīyuèzhōngxún. Yǔjì guòhòu, cóng bā yuè kāishǐ, Shànghǎi de tiānqì huì bàorè. Báitiān zuì gāo qìwēn dàgài zài sìshí dù zuǒyòu, yèjiān zuì dī qìwēn yě èrshí bājiǔ dù. Dànshì hé Hánguó bù yíyàng de shì Shànghǎi de xiàtiān fēicháng cháoshī, suǒyǐ nǐ huì gǎnjué dào hěn mēnrè. Rénmen bǎ zhèyàng de tiānqì jiào sāngnátiān. Wèile fángshài, sāngnátiān chū mén yào dài yángsǎn, yǔtiān chū mén yào dài yǔsǎn. Kànlái rénmen měitiān dōu yào dài zhe sǎn le.

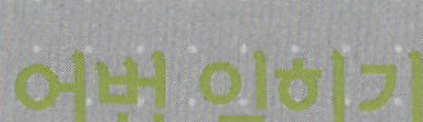 

01 这我可是第一次听说。

서수사 '第一、第二、第三……'은 일반적으로 '如第一天，第一本，第一次'처럼 뒤에 양사를 붙여 사용된다.

例句1 这次考试王明考了第一名。

이번 시험에서 왕명이 일등을 했다.

例句2 虽然是第一次吃中国菜，不过我觉得中国菜非常合我的口味。

비록 처음 중국 음식을 먹어 보는 것이지만, 중국 음식은 내 입맛에 잘 맞는 것 같다.

적절한 단어를 골라 빈칸을 채우세요.

第几个　　第一首　　第一天　　第二个　　第三封

① 去旅行的 ＿＿＿＿＿＿ 我就病了。

② 这是我给妈妈写的 ＿＿＿＿＿＿ 信。

③ 我喜欢他唱的 ＿＿＿＿＿＿ 歌。别提多感动了！

④ 坐在右边的 ＿＿＿＿＿＿ 人是我妹妹。

⑤ 这是你换的 ＿＿＿＿＿＿ 手机啊？

02 看不到一个晴天，

가능보어로, 부정 형식은 '看不到'이며, 긍정 형식은 '看得到'이다.

例句1 中国也能吃得到地道的辣炒年糕，真是不容易。
중국에서도 오리지널 떡볶이를 먹을 수 있다니, 정말 쉽지 않은 일이다.

例句2 现在已经买不到这样的手机了。
지금은 이미 이런 핸드폰을 살 수가 없다.

적절한 단어를 골라 빈칸을 채우세요.

做得到　　想得到　　找不到　　买不到

① 我以为他只是说说，没想到真的 __________ 了。
② 真奇怪，手机刚才还放在这儿呢，怎么 __________ 了呢？
③ 我每次看这部电影都会 __________ 我的大学生活。

03 顺便告诉你，

어떤 일을 하면서 겸사겸사 다른 일을 한다는 의미로, 문두에 올 때는 주어를 생략할 수 있다.

例句1 你去北京出差的时候，顺便帮我买瓶白酒。
당신이 베이징에 출장 가는 김에 저에게 바이지우를 사다 주세요.

例句2 顺便问一下，这儿附近有地铁站吗？
말 나온 김에 여쭤볼게요, 여기 근처에 지하철역이 있나요?

아래 문장을 중국어로 번역하세요.

① 당신이 집에 돌아올 때, 오는 김에 사가지고 오세요!

→ ____!

② 말 나온 김에 여쭤볼게요, 당신은 중국어를 할 줄 아세요?

→ ____?

③ 당신이 계단을 내려간다면, 가는 김에 커피를 사올래요?

→ ____?

04 **既然**说到这儿，晚上我们**就**约几个朋友聚聚吧！

'기왕 ~했으니, ~하겠다'라는 의미로, 인과 관계를 나타내는 접속사이다. 앞 절에서 주어는 '既然'의 앞·뒤에 올 수 있다.

> **例句1** 既然来了，我们就高兴地玩吧。
>
> 기왕 왔으니, 우리 즐겁게 놀아요.

> **例句2** 既然你这么不想学习，那就出去逛逛吧！
>
> 너가 이렇게 공부를 하기 싫어하니, 차라리 나가서 좀 돌아다녀!

아래 문장을 완성하세요.
① 既然明天你没有时间，＿＿＿＿＿＿＿＿＿＿＿＿＿＿＿＿。
② ＿＿＿＿＿＿＿＿＿＿＿＿＿＿＿＿，就应该提前做好准备。
③ 既然你不知道这件事，＿＿＿＿＿＿＿＿＿＿＿＿＿＿。

05 **好久没**喝米酒**了**，

오랫동안 어떠한 일도 하지 않았다는 의미이다. '시간사+没+술어'의 어순에 주의해야 한다. 대부분 뒤에 '了'가 호응된다.

> **例句1** 最近你在忙什么呢？我好像好久没看见你了。
>
> 요즘 당신은 무엇을 하기에 그렇게 바빠요? 제가 당신을 못 본지 오래 된 것 같아요.

> **例句2** 这次我是真的戒酒了。我大概3个月没喝酒了。
>
> 이번에 전 정말 술을 끊었어요. 대략 3개월 동안 술을 마시지 않았어요.

아래 문장을 중국어로 번역하세요.
① 저는 대략 두 달 동안 물건을 사지 않았어요.

→ ＿＿＿＿＿＿＿＿＿＿＿＿＿＿＿＿＿＿＿＿＿＿＿＿＿。

② 저는 이미 일 년 동안 중국어로 말하지 않았어요.

→ ＿＿＿＿＿＿＿＿＿＿＿＿＿＿＿＿＿＿＿＿＿＿＿＿＿。

③ 오랫동안 여행을 가지 않았어요.

→ ＿＿＿＿＿＿＿＿＿＿＿＿＿＿＿＿＿＿＿＿＿＿＿＿＿。

다음 질문에 대한 자신의 생각을 자유롭게 이야기해 보세요.

01 今天的天气怎么样？

02 你喜欢晴天还是雨天？

03 你喜欢热天还是冷天？

04 你每天看天气预报吗？

05 你住的地方有雨季吗？

06 你住的地方有台风[1]吗？

07 说说你们国家四季[2]的天气。

08 一下雨你就感到郁闷[3]吗？

1. 台风 táifēng
   명 태풍

2. 四季 sìjì
   명 사계절

3. 郁闷 yùmèn
   형 우울하다

   Track 16

당신은 어떤 날씨를 좋아하나요?

闪电 shǎndiàn
번개

雷阵雨 léizhènyǔ
천둥과 번개를 동반한 소나기

大雨 / 大雪 dàyǔ / dàxuě
많은 비 / 많은 눈

小雨 / 小雪 xiǎoyǔ / xiǎoxuě
적은 비 / 적은 눈

多云 duōyún
많은 구름

晴转多云 qíng zhuǎn duō yún
맑다가 많은 구름으로 바뀜

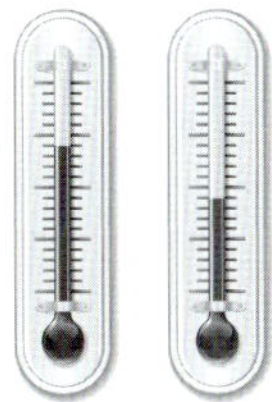

最高气温 / 最低气温
zuìgāo qìwēn / zuìdī qìwēn
최고 온도 / 최저 온도

아래 베이징과 서울의 사진을 보고, 날씨에 대해 간단하게 얘기해 보세요.

2013年7月3号 北京

2013年12月25号 首尔

天天
写一写

글로 표현하기 

我喜欢晴天，
理由有三

①
②
③

我喜欢雨天，
理由有三

①
②
③

Unit 5

你真是海量啊！

당신은 정말 술고래군요!

▶ 당신은 중국의 바이지우(白酒)를 마셔본 적 있어요?
▶ 당신은 중국의 바이지우(白酒) 중 어떤 것을 아나요?
▶ 당신의 주량은 얼마나 되나요?

□ 凉 liáng 〔형〕 차갑다
□ 罚 fá 〔동〕 벌하다
□ 干 gān 〔동〕 깨끗이 비우다
□ 倒 dào 〔동〕 따르다
□ 满 mǎn 〔형〕 가득차다
□ 海量 hǎiliàng 〔명〕 술고래
□ 酒量 jiǔliàng 〔명〕 주량
□ 度数 dùshù 〔명〕 도수
□ 第二天 dì'èrtiān 이튿날
□ 上头 shàng/tóu (술이 독해서) 금방 취하게 되다
□ 胃 wèi 〔명〕 위
□ 解酒汤 jiějiǔtāng 〔명〕 해장탕, 해장국
□ 同感 tónggǎn 〔명〕 공감, 동감
□ 干杯 gān/bēi 〔동〕 건배하다, 잔을 비우다
□ 礼仪 lǐyí 〔명〕 예의, 예절과 의식
□ 吐 tù 〔동〕 토하다
□ 真正 zhēnzhèng 〔형〕 진정한, 진짜의
□ 说曹操曹操到 shuō cáocao cáocao dào 〔성어〕 조조를 말하면 조조가 온다. 호랑이도 제 말하면 온다.

生词热身练习　단어연습 ⠿ 적절한 단어를 골라 빈칸을 채우세요.

① 民国没写作业，老师 ______ 他写三遍。
민국이는 숙제를 하지 않아서, 선생님은 민국이에게 세 번 쓰기로 벌하셨다.

② 在中国 ______ 酒的时候，要 ______ 满。
중국에서 술을 따를 때에는, 가득 채워야 한다.

③ 你真是 ______ 啊。喝了这么多酒，脸都没红。
당신은 역시 술고래군요. 술을 이렇게 많이 마셨는데도, 얼굴이 빨개지지도 않았어요.

④ 菜都 ______ 了，热一下再吃吧。
요리가 다 식었으면, 다시 데워서 드세요.

⑤ 喝了妈妈给我做的 ______，胃舒服多了。
어머니가 만들어 주신 해장국을 먹으니, 위가 많이 편해졌다.

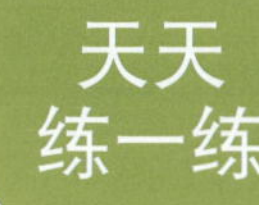

핵심문형 패턴연습하기

---

01 어째서 아직도 …… **怎么还没……**

▶ 어째서 아직도 퇴근을 안 했어요?
怎么还没下班？

▶ 어째서 아직도 식사를 안 했어요?
怎么还没吃饭？

---

02 죄송합니다. **不好意思。**

▶ 죄송합니다만, 당신의 이름을 잊어버렸어요.
不好意思，我忘了你的名字。

▶ 죄송합니다만, 제가 못 알아 들었는데, 다시 한 번만 말씀해 주시겠어요?
不好意思，我没听懂，再说一遍好吗？

---

03 막 ……할 때 **刚……的时候**

▶ 막 시작할 때, 나는 어떤 것도 알지 못했다.
刚开始的时候，我什么都不知道。

▶ 막 중국에 왔을 때, 난 중국어를 한 마디도 하지 못했다.
刚来中国的时候，我一句汉语都不会说。

관용표현

04 동감입니다! 동감입니다! **同感！同感！**

중국 사람은 정말 8이라는 숫자를 좋아해요!
A：中国人真喜欢数字"8"啊！

동감! 동감이에요!
B：同感！同感！

会话

金大韩	都几点了？民国怎么还没到啊？
章学友	别等他了，咱们先吃吧。要不菜都凉了。
彼得	哎，那个戴帽子的不是民国吗？
金大韩	真是"说曹操曹操到"啊！

（民国登场）

民国	不好意思。因为堵车来晚了。
章学友	在中国来晚的人要自罚三杯啊！
民国	没问题。不就是三杯吗？我先干了。
章学友	等等，先倒满再干。"满杯酒，半杯茶"嘛！

（民国连干三杯）

彼得	海量！海量！比我强多了。
金大韩	你的酒量怎么样？
彼得	不怎么样。我喝不了中国的白酒，度数太高了。
民国	度数高倒是高，不过喝中国的白酒第二天不上头，胃也不疼，而且还不用喝解酒汤。
金大韩	同感！同感！
章学友	来来来，为了我们的明天，干杯！
四人一起	干杯！

短文

　　和中国人喝酒的时候要了解中国的喝酒礼仪。比如说，来晚了要"自罚三杯"；倒酒的时候一定要倒满，中国人说"满杯酒，半杯茶"；还有中国人说干杯的时候，不用每次都一口喝完。刚来中国的时候，因为我不懂这些礼仪，被罚了很多酒。以前我真的喝不了白酒，因为白酒度数太高。我只喝一口，就想吐，不过现在越来越爱喝。一来，白酒喝多少都不上头；二来，只有喝白酒才能吃出中国菜真正的味道。

Jīn Dàhán	Dōu jǐ diǎn le? Mínguó zěnme hái méi dào a?
Zhāng Xuéyǒu	Bié děng tā le, zánmen xiān chī ba. Yàobù cài dōu liáng le.
Bǐdé	Āi, nàge dài màozi de búshì Mínguó ma?
Jīn Dàhán	Zhēnshì "Shuō cáocāo cáocāo dào" a!

(Mínguó dēngchǎng)

Mínguó	Bùhǎoyìsi. Yīnwèi dǔ chē lái wǎn le.
Zhāng Xuéyǒu	Zài Zhōngguó lái wǎn de rén yào zì fá sān bēi a!
Mínguó	Méi wèntí. Bú jiùshì sān bēi ma? Wǒ xiān gān le.
Zhāng Xuéyǒu	Děngděng, xiān dào mǎn zài gān. Mǎn bēi jiǔ, bàn bēi chá ma!

(Mínguó lián gān sānbēi)

Bǐdé	Hǎiliàng! Hǎiliàng! Bǐ wǒ qiáng duō le.
Jīn Dàhán	Nǐ de jiǔliàng zěnmeyàng?
Bǐdé	Bù zěnmeyàng. Wǒ hē bù liǎo Zhōngguó de báijiǔ, dùshù tài gāo le.
Mínguó	Dùshù gāo dàoshì gāo, búguò hē Zhōngguó de báijiǔ dì'èrtiān bú shàng tóu, wèi yě bù téng, érqiě hái búyòng hē jiějiǔtāng.
Jīn Dàhán	Tónggǎn! Tónggǎn!
Zhāng Xuéyǒu	Lái lái lái, wèile wǒmen de míngtiān, gān bēi!
sì rén yìqǐ	Gān bēi!

Hé Zhōngguórn hé jiǔ de shíhou yào liǎojiě Zhōngguóde hē jiǔ lǐyí. Bǐrú shuō, lái wǎn le yào "zì fá sān bēi"; dào jiǔ de shíhou yídìng yào dào mǎn, Zhōngguórén shuō "mǎn bēi jiǔ, bàn bēi chá"; háiyǒu Zhōngguórén shuō gān bēi de shíhou bú yòng měi cì dōu yì kǒu hēwán. Gāng lái Zhōngguó de shíhou, yīnwèi wǒ bù dǒng zhèxiē lǐyí, bèi fá le hěn duō jiǔ. Yǐqián wǒ zhēnde hē bù liǎo báijiǔ, yīnwèi báijiǔ dùshù tài gāo. Wǒ zhǐ hē yì kǒu, jiù xiǎng tù, búguò xiànzài yuèláiyuè ài hē. Yìlái, báijiǔ hē duōshǎo dōu bú shàng tóu; èrlái, zhǐyǒu hē bǎijiǔ cái néng chīchū Zhōngguócài zhēnzhèng de wèidao.

어법 익히기

01 要不菜都凉了。

'要不'는 앞에서 가정한 상황이 실현되지 못할 경우, 뒤에 어떤 결과가 나오는 지 가정할 때 쓰이며, 주로 구어에서 쓰인다.

例句1 我们快点儿睡觉吧，要不明早该起不来了。

우리 빨리 자요. 그렇지 않으면 내일 아침에 못 일어나요.

例句2 你最好多穿点儿衣服，要不一定会感冒的。

당신은 옷을 좀 더 많이 입는 게 좋을 거 같아요, 그렇지 않으면 감기에 걸릴 거예요.

아래 문장을 완성하세요.

① 这么晚我不能喝咖啡，要不 ____________________。

② 你还是好好复习吧，要不 ____________________。

02 不就是三杯吗?

반어문으로, 정도가 높지 않음을 나타낸다. 대단한 일이 아니며, 문제가 되지 않는다는 어기이다.

例句1 不就是一顿饭吗? 我请你。

겨우 한 끼밖에 안 되잖아요? 제가 대접할게요.

例句2 不就是一次小考试吗? 别担心，一定能通过。

작은 시험 아니에요? 걱정하지 마요, 꼭 통과할 수 있을거예요.

아래 문장을 중국어로 번역하세요..

① A: 老师让我们背50个单词，明天考试。我们快背吧！

B : ____________________。

(50개 단어 밖에 안 돼요? 두 시간이면 다 외우겠네요.)

② A: 最近的感冒真厉害，听说李科长都住院了。

B : ____________________。

(감기밖에 안 되잖아요? 입원까지 했다고요?)

03 **不怎么样。**

'不太好'와 같은 뜻으로 '그렇게 좋지 않다. 별로이다'의 의미를 나타낸다.

例句1 A： 这次考试考得怎么样？
이번 시험 어떻게 봤어요?

B： 不怎么样。看来我得再考一次。
그저 그래요. 보아하니 다시 한 번 봐야 할 것 같아요.

例句2 A： 昨天你看的电影怎么样？ 有意思吗？
어제 당신이 본 영화 어땠어요? 재미 있었어요?

B： 不怎么样。一点儿都没意思。
그저 그래요. 조금도 재미 있지 않았어요.

연습 문제입니다

아래 대화를 완성하세요.

① A: 你听他的新歌了吗？ 怎么样？

B： ____。

② A: 这次去北京出差怎么样？ 能成功吗？

B： ____。

04 度数高倒是高，不过喝中国的白酒第二天不上头，

'A倒是A, 不过……'와 'A是A, 不过……'의 용법은 같으며 의미도 비슷하다. '倒'는 여기서 양보 및 전환의 의미가 있다.

例句1 便宜倒是挺便宜，不过我们现在还不需要。

싸기는 엄청 싸지만, 우리는 지금 필요하지 않아요.

例句2 去倒是去过一次，不过已经忘了在哪儿了。

한 번 가보기는 했는데, 어디인지 이미 잊어버렸어요.

아래 문장을 중국어로 번역하세요.

① A : 这次北京旅行，你想参加吗？

B : ________________________________?

(참가하고 싶긴 무지 참가하고 싶은데, 제가 시간이 없어요.)

② A : 你不是喜欢吃炸酱面吗？怎么一口也不吃啊？

B : ________________________________。

(좋아하긴 엄청 좋아하는데, 의사가 저한테 밀가루 음식은 먹지 말래요.)

05 一来，白酒喝多少都不上头；二来，只有喝白酒才能吃出中国菜真正的味道。

'一来……，二来……'는 병렬 관계의 복문에 쓰인다. 두 가지 혹은 두 가지 이상의 원인과 목적을 설명한다.

例句1 秋天去东海旅行最好，一来天气不冷不热，二来，我们可以看到红叶。

가을에는 동해로 여행가는 게 제일 좋다. 첫째로 날씨가 춥지도 덥지도 않고, 둘째로 단풍을 볼 수가 있다.

例句2 我们这次坐动车去北京吧。一来可以省钱，二来可以体验一下火车文化。

우리 이번에 KTX를 타고 베이징에 가자. 첫째로 돈을 절약할 수 있고, 둘째로 기차 문화를 체험할 수가 있다.

아래 문장을 완성하세요.

① 看来这次我不能去欧洲旅行了，________________________________。

② 这次去北京开会，________________________________。

생각 표현하기

다음 질문에 대한 자신의 생각을 자유롭게 이야기해 보세요.

01 你多长时间喝一次酒？

1. 下酒菜 xiàjiǔcài
   명 술안주

2. 醉 zuì
   동 취하다

3. 解酒 jiě/jiǔ
   동 숙취를 풀다,
   술을 깨다

02 你什么时候想喝酒？

03 你喜欢喝什么酒？为什么？

04 你喝过中国的白酒吗？

05 喝酒的时候，你喜欢吃什么下酒菜¹？

06 你的酒量怎么样？

07 你喝醉²过吗？

08 你知道哪些解酒³方法？

당신은 어떤 술을 좋아하나요?

茅台
Máotái

마오타이

五粮液
Wǔliángyè

우량예

水井坊
Shuǐjǐngfáng

슈이징팡

孔府家酒
Kǒngfǔjiā jiǔ

공푸지아주

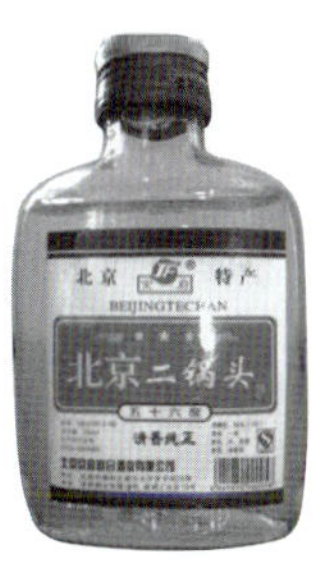

北京二锅头
Běijīng èrguōtóu

베이징 얼구워토우

青岛啤酒
Qīngdǎo píjiǔ

칭다오 맥주

哈尔滨啤酒
Hā'ěrbīn píjiǔ

하얼빈 맥주

燕京啤酒
Yānjīng píjiǔ

옌징 맥주

真露
Zhēnlù

진로

葡萄酒
pútáojiǔ

포도주

威士忌
wēishìjì

위스키

白兰地
báilándì

브랜디

清酒
qīngjiǔ

청주

아래 각 그림에 대해 간단하게 얘기해 보세요.

我喜欢喝酒，
理由有三

①

②

③

我不喜欢喝酒，
理由有三

①

②

③

한국과 중국의 술 문화 비교

　중국인들도 한국인과 마찬가지로 친구를 만날 때나, 비즈니스 상 사람을 만날 때 항상 술을 마신다. 음식을 주문할 때 반드시 무슨 술을 마실 것인지 상대방에게 묻는다. 음식이 모두 나오고 식사가 시작되면 보통 첫 잔은 한꺼번에 비운다. 중국인들은 '원샷'을 '간베이(干杯)'라고 한다. 간베이는 잔이 완전히 말랐다는 뜻으로 이 말을 외친 후에 술잔을 들었을 경우에는 반드시 술을 남기지 말아야 한다. 상대에게 술을 권하는 한국 식의 건배와는 차이가 난다. 간베이 뒤에는 두 손으로 잔을 잡고 45도 정도 기울여 술잔의 밑바닥을 상대방에게 보여준다. 한국에서는 술잔이 비워지면 상대방이 술을 따른다. 그러나 중국은 식당의 종업원이 따르거나 자신이 직접 따른다. 그리고 중국인들은 첨잔에 대한 거부감이 없다. 한자리에서 술을 마시지만 각자가 마신 술의 양이 차이가 나게 된다. 즉 기분과 주량에 따라 스스로 마실 양을 조절할 수 있다. 중국인들은 상대가 마신 주량을 속으로 헤아린다. 그리고 중국인들도 부지런히 서로 술을 권하는데 한국인처럼 술잔 하나를 돌려가면서 마시지는 않는다. 그 사람이 흔쾌히 즐겁게 술을 마실 경우 호감을 갖고 마음의 문을 열어준다.

중국의 청주 단지

Unit 6

熬夜看世界杯

월드컵을 보느라 밤을 새다

▶ 당신은 운동마니아인가요?

▶ 당신은 4년에 한 번 있는 올림픽과 월드컵 등의 경기에 흥미가 있나요?

▶ 당신은 밤 새서 경기를 봐 본 적이 있나요?

Track 21

- □ 黑眼圈 hēiyǎnquān 명 다크써클
- □ 半决赛 bànjuésài 명 준결승전
- □ 输 shū 동 지다
- □ 精彩 jīngcǎi 형 (공연, 말, 글 따위가) 훌륭하다, 근사하다
- □ 哪怕 nǎpà 접 설령 ～라 해도
- □ 错过 cuòguò 동 (시기나 대상을) 놓치다
- □ 空 kòng 명 빈 곳, 틈
- □ 友谊 yǒuyì 명 우정
- □ 十分 shífēn 부 아주, 매우
- □ 西班牙 Xībānyá 고유 스페인

- □ 熬夜 áo/yè 동 밤새다, 철야하다
- □ 赢 yíng 동 이기다
- □ 可惜 kěxī 형 아깝다, 섭섭하다
- □ 铁杆儿球迷 tiěgǎnr qiúmí 명 (운동경기에서) 골수 축구팬
- □ 歇 xiē 동 쉬다, 멈추다
- □ 后悔 hòuhuǐ 동 후회하다
- □ 趁 chèn 전 (시간, 기회를) 이용하여, ～를 틈타
- □ 啦啦队 lālāduì 명 응원단
- □ 巴西 Bāxī 고유 브라질

生词热身练习　단어연습 ∷ 적절한 단어를 골라 빈칸을 채우세요.

(1) 连续熬了两夜，他的 ＿＿＿＿＿ 看起来特别严重。

연속 이틀 밤을 새서, 그의 <u>다크써클</u>이 특히 심하다.

(2) ＿＿＿＿＿ 他睡得再晚，也每天坚持早上锻炼身体。

<u>설령</u> 그는 늦게 자더라도, 매일 아침 꾸준히 몸을 단련시킨다.

(3) ＿＿＿＿＿ 找工作以前，大学生应该多出去旅游旅游。

일을 구하기 전에 <u>시간을 이용하여</u>, 대학생은 많이 여행을 해야 한다.

(4) 周五晚上喝酒喝到很晚，＿＿＿＿＿ 了最后一趟地铁。

금요일 저녁에 술을 늦게까지 마셔서, 마지막 지하철을 <u>놓쳤다</u>.

(5) 我 ＿＿＿＿＿ 羡慕学习好的学生。

나는 공부 잘하는 학생이 <u>아주</u> 부럽다.

天天练一练

핵심문형 패턴연습하기

---

01 왜 이렇게…? **怎么这么……?**

▶ 당신은 왜 이렇게 돈을 물쓰듯 써요?
你花钱怎么这么大手大脚?

▶ 최근에 직업 구하기가 왜 이렇게 어렵죠?
最近找工作怎么这么难?

---

02 별로 … **没什么……的**

▶ 이번 주말에 저는 별로 할 일이 없어요.
这个周末我没什么可做的。

▶ 요새 볼 만한 영화가 없어요.
最近没什么可看的电影。

---

03 아주 어렵게 이루어지다 **……来之不易**

▶ 이것은 한 번 오기도 힘든 기회이다.
这是一次来之不易的机会。

▶ 이번 성공은 아주 어렵게 이뤄낸 것이다.
这次的成功来之不易。

관용표현

04 우정이 첫 번째이고, 경기는 두 번째예요. **友谊第一，比赛第二**

우리는 유학생들과의 축구 게임에서 졌어요.
A : 我们和留学生踢的那场球赛输了。

괜찮아요, 우정이 첫 번째이고, 경기는 두 번째예요!
B : 没事儿，友谊第一，比赛第二！

会话

张学明	你的黑眼圈怎么这么严重？又熬夜了吧。
章学友	是啊，熬夜看了世界杯的半决赛，巴西对西班牙的比赛。
张学明	结果怎么样？
章学友	巴西2:1赢了西班牙，西班牙输得挺可惜的，只差一分。 但不管怎么说，真是一场精彩、难忘的比赛。
张学明	你总这样熬夜看球，身体受得了吗？
章学友	别忘了，我可是个铁杆儿球迷啊。哪怕第二天有考试，我也会 熬夜看球赛的。
张学明	你真行，我要是熬一夜好几天也歇不过来。
章学友	四年一次的世界杯来之不易啊，要是错过了，那该多后悔啊。
张学明	说的也是啊。哦，对了，这个周末你有空儿吗？
章学友	这周末没什么特别的安排，有什么事儿吗？
张学明	趁周末大家都有时间，留学生队想和我们约一场球。
章学友	没问题啊，咱们就和他们踢一场友谊赛。
张学明	呵呵，"友谊第一，比赛第二"嘛。
章学友	嗯，时间由他们定，别忘了叫上咱们班的啦啦队。

短文

　　最近四年一次的世界杯开赛了，昨晚是巴西队对西班牙队的半决赛。我怎么会错过这么重要的比赛呢？比赛进行得很紧张，上半场的比分是0：0。到了下半场，巴西队先进了一球。没过多久，西班牙队也进了一球。最后离比赛结束还有10分钟的时候，巴西队得到了一个进球的机会，2:1赢了西班牙队。虽然我觉得西班牙队输得有点儿可惜，但是这场比赛十分精彩，让人难忘。

Zhāng Xuémíng	Nǐ de hēiyǎnquān zěnme zhème yánzhòng? Yòu áo yè le ba.
Zhāng Xuéyǒu	Shì a, áo yè kàn le shìjièbēi de bànjuésài, Bāxī duì Xībānyá de bǐsài.
Zhāng Xuémíng	Jiéguǒ zěnmeyàng?
Zhāng Xuéyǒu	Bāxī èr bǐ yī yíng le Xībānyá, Xībānyá shū de tǐng kěxī de, zhǐ chà yì fēn. Dàn bùguǎn zěnmē shuō, zhēnshi yì chǎng jīngcǎi、nánwàng de bǐsài.
Zhāng Xuémíng	Nǐ zǒng zhèyàng áo yè kàn qiú, shēntǐ shòu de liǎo ma?
Zhāng Xuéyǒu	Bié wàng le, wǒ kěshì ge tiěgǎnr qiúmí a. Nǎpà dì'èr tiān yǒu kǎoshì, wǒ yě huì áo yè kàn qiúsài de.
Zhāng Xuémíng	Nǐ zhēn xíng, wǒ yàoshì áo yí yè hǎo jǐ tiān yě xiē bú guòlái.
Zhāng Xuéyǒu	Sì nián yí cì de shìjièbēi lái zhī bú yì a, yàoshi cuòguò le, nà gāi duō hòuhuǐ a.
Zhāng Xuémíng	Shuō de yě shì a. ó, duì le, zhège zhōumò nǐ yǒu kòngr ma?
Zhāng Xuéyǒu	Zhè zhōumò méi shénme tèbié de ānpái, yǒu shénme shìr ma?
Zhāng Xuémíng	Chèn zhōumò dàjiā dōu yǒu shíjiān, liúxuéshēng duì xiǎng hé wǒmen yuē yì chǎng qiú.
Zhāng Xuéyǒu	Méi wèntí a, zánmen jiù hé tāmen tī yì chǎng yǒuyì sài.
Zhāng Xuémíng	Hēhē, "yǒuyì dì yī, bǐsài dì'èr" ma.
Zhāng Xuéyǒu	Ēng, shíjiān yóu tāmen dìng, bié wàng le jiào shàng zánmen bān de lālāduì.

Zuìjìn sì nián yí cì de shìjièbēi kāi sài le, zuówǎn shì Bāxī duì Xībānyá duì de bànjuésài. Wǒ zěnme huì cuòguò zhème zhòngyào de bǐsài ne? Bǐsài jìnxíng de hěn jǐnzhāng, shàngbànchǎng de bǐfēn shì líng bǐ líng. Dào le xiàbànchǎng, Bāxī duì xiān jìn le yì qiú. Méi guò duō jiǔ, Xībānyá duì yě jìn le yì qiú. Zuìhòu lí bǐsài jiéshù háiyǒu shí fēnzhōng de shíhou, Bāxī duì dédào le yí ge jìn qiú de jīhuì, èr bǐ yī yíng le Xībānyá duì. Suīrán wǒ juéde Xībānyá duì shū de yǒudiǎnr kěxī, dànshì zhè chǎng bǐsài shífēn jīngcǎi, ràng rén nánwàng.

01 但**不管怎么说**，真是一场精彩、难忘的比赛。

'不管怎么说'의 의미는 '어찌되었든 간에, 어쨌든, 아무튼, 좌우간'의 뜻이다.

例句1 虽然这次考试的分数不太高，但是不管怎么说，他还是拿了第一名。

비록 이번 시험 성적이 높지는 않지만, 어찌되었든 간에, 그는 여전히 일등을 했다.

例句2 不管怎么说，他按照规定的时间完成了任务。

어쨌든, 그는 규정된 시간 내에 임무를 완성했다.

아래 문장을 중국어로 번역하세요.

① 어찌되었든 간에, 그녀는 대우가 괜찮은 직장을 구했다.

→ ____________________________________ 。

② 어찌되었든 간에, 당신이 이번에 제 큰 일을 도와주었으니, 제가 당신에게 제대로 감사해야죠.

→ ____________________________________ 。

02 **哪怕**第二天有考试，我**也**会熬夜看球赛的。

'哪怕……, 也……'는 접속사로 종속문의 문두에 쓰며, 가정을 나타낸다. 우선 어떤 사실을 인정한다는 의미를 가지며, '也'와 같이 써서 전환을 나타내며, 결론을 말한다. '即使……, 也……', '就算……, 也……'와 비슷하며, 양보가설 관계의 관련어휘이다. '설령 …하더라도'의 의미를 가진다.

例句1 哪怕刮风下雨，他也坚持每天早晨锻炼身体。

설령 바람이 불고 비가 오더라도, 그는 매일 아침 꾸준히 몸을 단련한다.

例句2 哪怕变成了一个穷人，我也不会害怕过没有钱的日子。

설령 가난뱅이가 되더라도, 나는 돈이 없는 날을 두려워 하지 않을 것이다.

아래 문장을 완성하세요.

① 最近美英在减肥，哪怕是再好吃的菜，__________________ 。

② __________________ ，我明天也要去看那场比赛。

03 你真行，我熬一次夜好几天也歇不过来。

'过来'는 방향보어에서 파생된 의미로, '원래로 회복되다', 혹은 '정상적인 상태로 회복된다'는 의미가 있다.

例句1 周末我在家睡了两天，算是休息过来了。

주말에 난 집에서 이틀을 자고, 휴식한 셈 쳤다.

例句2 他一直昏睡，今天早上才醒过来。

그는 줄곧 정신없이 자고 오늘 아침에야 깨어났다.

> 아래 문장을 중국어로 번역하세요.
> ① 그는 구조되어 왔다. (抢救 [qiǎngjiù] (동) 구조하다)
> → ____。
> ② 여행에서 돌아온 뒤에, 아무리 자도 피로가 풀리지 않는다.
> → ____。

04 趁周末大家都有时间，留学生队想和我们约一场球。

개사 '趁'은 시간과 기회를 이용한다는 의미이다.

例句1 趁年轻，想干点儿什么就干点儿什么。

젊을 때, 하고 싶은 게 있으면 해야 한다.

例句2 趁孩子午睡，妈妈终于可以抽出时间看电视剧了。

아이가 낮잠자는 틈을 타, 엄마는 겨우 짬을 내 연속극을 볼 수 있었다.

> 아래 문장을 완성하세요.
> ① 趁______________________________，孩子打开电脑玩儿游戏。
> ② 趁______________________________，小偷偷走了她的钱包。

时间由他们定。

'由'는 동작을 실행하는 사람의 앞에 쓰여 그 사람을 강조한다.

例句1 这次的任务由你负责。

이번 업무는 당신이 책임지세요.

例句2 我们家里的大事，通常由父亲决定。

우리 집안의 큰 일은 보통 아버지께서 결정하신다.

아래 문장을 중국어로 번역하세요.

① 축구팀은 11명으로 구성된다.

→ ____ 。

② 우리의 일정은 여행사에서 계획한다.

→ ____ 。

다음 질문에 대한 자신의 생각을 자유롭게 이야기해 보세요.

01 你喜欢看什么比赛？

1. 奥运会 àoyùnhuì
   명 올림픽

2. 项目 xiàngmù
   명 종목

02 你熬夜看过比赛吗？

03 你喜欢看奥运会[1]的什么比赛项目[2]？

04 你有喜欢的体育明星吗？

05 有没有让你难忘的比赛？

06 你参加过什么比赛？

07 你觉得下次世界杯，韩国队会进8强吗？

08 你参加过啦啦队吗？

아래 그림에 나오는 새 단어를 배워 봅시다.

金牌
jīnpái
금메달

银牌
yínpái
은메달

铜牌
tóngpái
동메달

亚军
yàjūn
준우승자

冠军
guànjūn
우승자

季军
jìjūn
3등

裁判
cáipàn
심판

红牌
hóngpái
레드카드

警告
jǐnggào
경고

아래 각 그림에 대해 간단하게 얘기해 보세요.

아래 단문을 120자 정도의 문장으로 요약하세요.

　　星期天下午，有一场世界杯8强进4强的比赛，是巴西队对法国队的比赛。大韩和民国两人好不容易才买到两张票，他们去现场观看了这场比赛。

　　这场比赛非常精彩。上半场，法国队踢得比较好，先进了一个球。可能是因为运气的原因，巴西队一直没有什么特别好的进球机会。所以上半场结束的时候，法国队对巴西队1:0，法国队暂时领先。下半场开始后，巴西队还是一直没得到进球的机会，比分一直是1:0。可是，就在离比赛结束还有15分钟的时候，法国队10号得到了一张红牌，被罚下了场。一会儿，巴西队6号传了一个好球，11号把球踢进了。比分变成了1:1。没多久，巴西队的6号又传了一个好球，又是11号一脚把球踢进了球门。比赛结束，巴西队2:1赢了法国队，进入了四强的比赛。

중국문화 엿보기

중국의 생활 체육

중국의 도시를 아침에 산책하다 보면 공원이나 공터에 남녀노소 구분 없이 사람들이 무리를 지어 운동을 하는 모습을 목격할 수 있다. 주로 중국 권법 중 하나인 태극권을 연마하고 있는 것이다. 태극권은 음과 양의 조화를 응용한 무술이다. 그래서 그 동작이 물이 흐르듯 유연하고 율동적이기 때문에 언뜻 보면 무술인지 무용인지 구분이 잘 가지 않는다. 일반 시민들이 생활 체육으로 즐기는 태극권은 굳어진 근육과 긴장을 풀 수 있도록 간소하게 고안된 것이다. 태극권 외에도 중국인들은 혼자서 혹은 짝을 지어서 음악에 맞춰 사교 춤을 추거나 배드민턴, 탁구를 치는 등 운동을 하며 아침을 연다. 2008년 베이징에서 올림픽을 개최한 중국은 금메달 51개로 1등을 했으며, 올림픽 역사상 금메달을 가장 많이 기록한 아시아 국가가 되었다. 그 밖에도 각종 국제 스포츠 대회에서 상을 휩쓸어가는 스포츠 강국, 중국의 원동력은 중국인들이 평소에 생활에서 즐기고 있는 사회 체육에 있다고 해도 과언이 아니겠다.

태극권을 연마하고 있는 모습

Unit 7

你相过亲吗?

선을 본 적 있어요?

▶ 당신은 어떤 스타일의 사람을 좋아하나요?

▶ 당신은 언제 결혼을 할 건가요?

▶ 당신은 선을 보러 갈 건가요?

단어

Track 25

- □ 发呆 fā/dāi [동] 멍하다, 어리둥절하다
- □ 取笑 qǔxiào [동] 비웃다, 농담하다
- □ 侄子 zhízi [명] 조카
- □ 年薪 niánxīn [명] 연봉
- □ 矮 ǎi [형] 키가 작다
- □ 剩女 shèngnǚ [명] 늘씬한 키, 고학력의 고소득자이지만 알맞은 상대자가 없는 노처녀
- □ 抓紧 zhuājǐn [동] 서둘러 …하다
- □ 配 pèi [동] 어울리다
- □ 博士 bóshì [명] 박사

- □ 相亲 xiāng/qīn [동] 맞선을 보다
- □ 公子 gōngzǐ [명] (관료나 부귀한 집안) 자제
- □ 海归 hǎiguī [명] 해외에서 유학을 하거나 일을 하다가 돌아온 사람
- □ 来电 lái/diàn [동] (끊어졌던)전기가 오다, 느낌이 오다
- □ 着急 zháojí [동] 조급해하다
- □ 消息 xiāoxi [명] 소식
- □ 硕士 shuòshì [명] 석사
- □ 挑三拣四 tiāo sān jiǎn sì [성어] 이것저것 까다롭게 고르다

- □ 有缘千里来相会 yǒu yuán qiān lǐ lái xiāng huì [성어] 인연이 있으면 아무리 멀리 떨어져 있어도 만날 수 있다

生词热身练习 단어연습 ⋮⋮ 적절한 단어를 골라 빈칸을 채우세요.

(1) 听说他在美国留过学，是个 ＿＿＿＿＿＿＿。

들자하니 그는 미국에서 유학한 적이 있는 유학파이다.

(2) 我有一个好 ＿＿＿＿＿＿＿，我通过了HSK5级。

나는 좋은 소식이 있다. HSK 5급을 통과했다.

(3) 我们把哥哥或弟弟的儿子叫做 ＿＿＿＿＿＿＿。

자신의 형(오빠)이나 남동생의 아들을 조카라고 부른다.

(4) 这对年轻夫妻看起来很 ＿＿＿＿＿＿＿。

이 젊은 부부는 보기에 잘 어울린다.

(5) 老板让月底前完成，看来我们要 ＿＿＿＿＿＿＿ 工作了。

사장님이 월말 전에 완성하라고 하셨다. 보아하니 우리는 서둘러 일을 해야 할 것 같다.

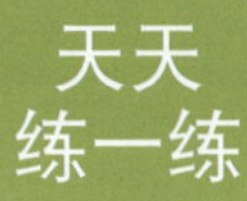

핵심문형 패턴연습하기

---

01 말도 마요. **别提了。**

▶ A : 주말에 당신은 무엇을 했어요?　　B : 말도 마요. 감기에 걸려서 하루 종일 집에서 누워 있었어요.
　 A：周末你做什么了?　　　　　　　 B：别提了，我感冒了，在家躺了一天。

▶ A : 이번 시험은 어떻게 봤어요?　　 B : 말도 마요. 통과하지 못한 것 같아요.
　 A：这次考试考得怎么样?　　　　　　B：别提了。好像不能通过。

---

02 ⋯⋯하기만 하면 되요. **只要⋯⋯就行。**

▶ 당신이 알면 됩니다.
　只要你知道就行。

▶ 어머니가 동의하시기만 하면 됩니다.
　只要妈妈同意了就行。

---

03 뭐가 ⋯⋯라는 건데요? **⋯⋯什么呀?**

▶ 방금 식사하지 않았어요? 뭘 또 먹어요?
　刚才不是吃饭了吗? 还吃什么呀?

▶ 당신은 가보지도 않았는데, 어떻게 알아요?
　你都没去过，你知道什么呀?

---

04 ⋯⋯이거나 아니면 ⋯⋯이다. **不是⋯⋯，就是⋯⋯**

▶ 백화점 안의 물건은 (비싸서) 살 수 없거나, 아니면 마음에 들지 않아요.
　百货商店里的东西，不是买不起，就是看不上。

▶ 주말에 영화를 보거나, 아니면 야구를 봤어요. 이번 주말에 우리 다른 것 좀 해요.
　周末不是看电影，就是看棒球。这个周末我们做点儿别的吧。

会话

李美英　亲爱的，你发什么呆呢？

王丽　别提了。我妈又让我去相亲了。

李美英　哎呦，是够烦的。你都相了N次亲了。

王丽　我已经够烦的了。你别取笑我了。

李美英　好好好，不跟你开玩笑。不过，这次是谁家的公子啊？

王丽　是我妈同事的侄子，听说是个美国海归，年薪是挺高，
就是个子不太高。

李美英　那条件还可以啊。先见见吧，说不定会来电呢。

王丽　你也知道，我最介意的就是男人的个子，万一比我还矮怎么
办呢？

李美英　哎呀，你别挑三拣四了。个子矮怎么了？
只要人好，性格好，对你好就行。你就是眼光太高了。

王丽　也是，我都这把年纪了，还挑什么啊？
再不着急点儿，就真成剩女了。

李美英　是啊，听说现在的剩女比剩男多。你还是抓紧吧。

王丽　放心吧。等我的好消息。

李美英　他是美国海归，你是韩国海归，很配嘛！加油！我对你有信心！

短文

王丽相亲记

在中国，过了二十八岁还没结婚的男女青年被称为剩男剩女。王丽今年二十九岁，大学毕业以前，父母一直让她努力学习，不让她谈恋爱。王丽是个听话的孩子，一直没谈过恋爱的她，毕业以后工作了几年，就成了剩女。于是，父母开始给她安排各种各样的相亲。从公司职员到公务员，从硕士博士到海归。亲倒是相了不少，但都没成功。不是不满意外貌，就是不满意性格。要找到一个满意的男朋友，也并不是那么容易的事。中国有句俗话"有缘千里来相会"。为了找到自己的另一半，王丽今天也在相亲的路上努力着。

Lǐ Měiyīng	Qīn'ài de, nǐ fā shénme dāi ne?
Wáng Lì	Bié tí le. Wǒ mā yòu ràng wǒ qù xiāng qīn le.
Lǐ Měiyīng	Āiyōu, shì gòu fán de. Nǐ dōu xiāng le N cì qīn le.
Wáng Lì	Wǒ yǐjing gòu fán de le. Nǐ bié qǔxiào wǒ le.
Lǐ Měiyīng	Hǎo hǎo hǎo, bù gēn nǐ kāi wánxiào. Búguò, zhè cì shì shéi jiā de gōngzǐ a?
Wáng Lì	Shì wǒ mā tóngshì de zhízi. Tīng shuō shì ge Měiguó hǎiguī, niánxīn shì tǐng gāo, jiùshì gèzi bú tài gāo.
Lǐ Měiyīng	Nà tiáojiàn hái kěyǐ a. Xiān jiànjian ba, shuō bú dìng huì láidiàn ne.
Wáng Lì	Nǐ yě zhīdao, wǒ zuì jièyì de jiùshì nánrén de gèzi, wànyī bǐ wǒ hái ǎi zěnmebàn ne?
Lǐ Měiyīng	Āiyā, nǐ bié tiāo sān jiǎn sì le. Gèzi ǎi zěnme le? Zhǐyào rén hǎo, xìnggé hǎo, duì nǐ hǎo jiù xíng. Nǐ jiùshì yǎnguāng tài gāo le.
Wáng Lì	Yě shì, wǒ dōu zhè bǎ niánjì le, hái tiāo shénme a? Zàibù zháojí diǎnr, jiù zhēn chéng shèngnǚ le.
Lǐ Měiyīng	Shì a, tīng shuō xiànzài de shèngnǚ bǐ shèngnán duō. Nǐ háishì zhuājǐn ba.
Wáng Lì	Fàng xīn ba. Děng wǒ de hǎo xiāoxi.
Lǐ Měiyīng	Tā shì Měiguó hǎiguī, nǐ shì Hánguó hǎiguī, hěn pèi ma! Jiā yóu! Wǒ duì nǐ yǒu xìnxīn!

Wáng Lì xiāng qīn jì

Zài Zhōngguó, guò le èrshí bā suì hái méi jié hūn de nán nǚ qīngnián bèi chēngwéi shèngnán shèngnǚ. Wáng Lì jīnnián èrshí jiǔ suì, dàxué bì yè yǐqián, fùmǔ yìzhí ràng tā nǔ lì xuéxí, bú ràng tā tán liàn'ài. Wáng Lì shì ge tīng huà de háizi, yìzhí méi tán guo liàn'ài de tā, bì yè yǐhòu gōngzuò le jǐ nián, jiù chéng le shèngnǚ. Yúshì, fùmǔ kāishǐ gěi tā ānpái gèzhǒng gèyàng de xiāng qīn. Cóng gōngsī zhíyuán dào gōngwùyuán, cóng shuòshì bóshì dào hǎiguī. Qīn dàoshì xiāng le bù shǎo, dàn dōu méi chénggōng. Búshì bù mǎnyì wàimào, jiùshì bù mǎnyì xìnggé. Yào zhǎodào yí ge mǎnyì de nánpéngyou, yě bìng búshì nàme róngyì de shì. Zhōngguó yǒu jù súhuà "yǒu yuán qiān lǐ lái xiānghuì". Wèile zhǎodào zìjǐ de lìng yí bàn, Wáng Lì jīntiān yě zài xiāng qīn de lùshàng nǔ lì zhe.

어법 익히기

01 **是够烦的了。**

'够'는 여기서 부사로 술어 앞에 쓰인다. 충분히 어떤 정도에 도달했다는 뜻이다. '够……的'와 '够……的 了'의 형식으로도 자주 쓰인다. 그러나 부정문에서는 '的'를 쓰지 않는다.

例句1 近几年中国的经济发展真够快的。
최근 몇 년간 중국의 경제 발전은 굉장히 빨랐다.

例句2 警察的工作的确够危险的。
경찰이란 직업은 확실히 위험하다.

적절한 단어를 골라 빈칸을 채우세요.

很　　最　　太　　够　　极了

① 这件衣服________大了，有没有小一点儿的?
② 我朋友的孩子现在2岁了，真的可爱________。
③ 你的车________旧的了，快换一辆新的吧。
④ 我去过的地方中，苏杭的景色________美。
⑤ 我________羡慕他会说那么流利的外语。

02 你都相了N次亲了。

'都……了'의 '都'는 '이미, 벌써'의 의미로, '已经……了'로 표현할 수도 있다.

例句1 她都二十岁了，让她自己决定吧。

그녀는 이미 스물 여덟 살이니까, 스스로 결정하라고 하자.

例句2 丽丽都喝了三瓶啤酒了，脸都没红。她真有酒量！

리리는 벌써 맥주를 세 병이나 마셨는데, 얼굴이 빨개지지 않았어요. 그녀는 정말 술고래예요!

아래 문장을 중국어로 번역하세요.

① 벌써 여덟 시가 되었는데, 그는 어째서 아직도 안 일어난거죠?

→ ____ 。

② 삼촌은 마흔 살이나 되었는데, 아직 결혼하지 않으셨어요.

→ ____ 。

03 年薪是挺高，就是个子不太高。

'是'는 여기서 특별한 의미가 없고 '是'의 뒷부분에 대한 강조를 나타낸다.

例句1 我是喜欢吃中国菜，但也不能顿顿吃啊。

나는 중국 음식을 좋아하기는 하지만, 끼니마다 먹지는 못한다.

例句2 明天张先生是去首尔，不过晚上就回国，可能没时间见你。

내일 장선생님은 서울에 가지만 저녁에 바로 귀국하셔서, 당신을 만날 시간은 없을 거예요.

'是'가 들어갈 위치를 고르세요.

① 我 A 想 C 帮你，但 C 我 D 最近也没有那么多钱。 （ 　 ）

② A 他 B 有过很多 C 女朋友，不过那 D 已经过去了。 （ 　 ）

04

万一比我还矮怎么办呢?

가능성이 적은 가정이며, '만일'의 의미가 있다.

例句1 你还是带着钱包吧，万一那儿刷不了卡呢。

당신은 그래도 지갑을 가져가세요. 만일 그 곳은 카드가 안될 수도 있잖아요.

例句2 万一我妈妈穿不了，我可以来换吗?

만일 어머니가 입을 수 없으시면, 제가 바꾸러 와도 되죠?

아래 문장을 완성하세요.

① 你还是带着雨伞吧，________________________________。

② ________________________________，你马上给我打电话。

再不着急点儿，就真成剩女了。

만약 이런 상황이 되지 않으면, 뒤의 결과가 발생한다는 의미이다. 일종의 가정 표현이다.

例句1 你再不起床就迟到了。

당신이 계속 일어나지 않으면 지각할 거예요.

例句2 你再不给我打电话，我就要报警了。

당신이 계속 저한테 전화를 하지 않으면, 경찰에 신고할 거예요.

아래 문장을 완성하세요.

① 你再不回家，________________________________。

② 妈妈再不做饭，________________________________。

다음 질문에 대한 자신의 생각을 자유롭게 이야기해 보세요.

01 你跟你的另一半[1]是怎么认识的？

02 你喜欢什么样的人？

03 你最讨厌[2]什么样的人？

04 简单说说你的优缺点。

05 你相过亲吗？相过几次？

06 剩男剩女为什么越来越多？

07 恋爱和结婚不一样吗？

08 结婚的时候一定要门当户对[3]吗？

1. 另一半 lìng yíbàn
   명 애인, 배우자

2. 讨厌 tǎoyàn
   동 싫어하다

3. 门当户对
   mén dāng hù duì
   성어 남녀 두 집안이 비슷하다

이런 사람과 결혼하면 어떨까요?

独生子女
dúshēngzǐnǚ
외동아들 / 외동딸

老大
lǎodà
장남

高富帅
gāo fù shuài
키 크고 잘생기고
재산 많은 남자

白富美
bái fù měi
이쁘고 재산 많은 여자

맞선을 볼 때, 당신은 어떤 것을 보나요?

学历
xuélì
학력

有车有房
yǒu chē yǒu fáng
차 있고 집 있는 사람

富二代
fù èr dài
재벌 2세

官二代
guān èr dài
고관 2세

아래 남녀의 공개구혼 글을 보고, 간단하게 얘기해 보세요.

> 　　某男，29岁，身高一米七五，未婚，经济条件：月收入3000以上，有住房。有稳定的工作。
>
> 择偶[1]条件：年龄在30岁以下，外貌端庄[2]，温柔[3]善良，孝敬[4]父母。有稳定工作的未婚女性。

> 某女，
> 年龄：32岁
> 身高：167cm
> 体重：55kg
> 性格：活泼开朗
> 家庭情况：离异[5]，有一5岁女孩儿。
> 择偶条件：有稳定工作，有爱心，顾家，喜欢孩子。

1. 择偶 zé'ǒu 동 배우자를 고르다

2. 端庄 duānzhuāng 형 단정하다

3. 温柔 wēnróu 형 온유하다

4. 孝敬 xiàojìng 동 (웃어른을) 공경하다

5. 离异 líyì 동 이혼하다

글로 표현하기

아래 단어를 이용해서 120자 내외의 단문을 쓰세요.

剩女　　相亲　　再不……就　　配　　来电

중국문화 엿보기

루어훈(裸婚)

　결혼은 중국에서도 예나 지금이나 반려자를 맞이한다는 점에서 가장 중요한 예식으로 간주되어 그 방식이나 예의가 중요시 되어 왔다. 그런데 무엇보다도 체면을 중시하는 중국인들의 결혼문화가 변화하고 있다. 최근 중국 젊은이들 사이에 '루어훈(裸婚)' 열풍이 불고 있는데 '루어훈'이란 결혼식이나 결혼 반지 등의 예물 없이 혼인신고만 하는 결혼을 말한다. 한국과 마찬가지로 중국도 하객들에게 받은 축의금으로 거액의 결혼식 비용을 충당한다. 그런데 최근 10년 사이에 결혼비용은 매년 기하급수적으로 증가하는 데에 반해 들어오는 축의금에는 큰 변화가 없는 것이 문제인 것이다. 보통 식당이나 호텔을 빌려서 결혼식과 피로연을 거행하는데 하객 한 명당 식비가 500위안까지 든다. 그런데 하객이 내는 축의금은 200위안(약 3만5천원)선에 머물러 있는 것이다. 주택을 마련하는 비용까지 고려하였을 때 결혼 당사자들의 부담이 커지면서 젊은 부부들은 체면을 버리고 현실을 받아들여 식과 예물 없이 혼인신고로만 결혼식으로 대신하고 있다.

중국의 전통 결혼 예복을 입고 있는 젊은 커플

Unit 8

今年你体检了吗?
올해 건강 검진 했나요?

▶ 올해 당신은 건강 검진을 했나요?
▶ 당신의 건강 상태는 어떤가요?
▶ 어떻게 건강을 유지하나요?

- ☐ **体检** tǐjiǎn 명 동 건강 검진(을 하다)
- ☐ **晕** yūn 동 현기증이 나다, 어지럽다
- ☐ **空腹** kōngfù 동 위를 비우다, 음식을 먹지 않다
- ☐ **搞** gǎo 동 하다, 취급하다, 다루다
- ☐ **疲劳** píláo 형 피곤하다, 지치다
- ☐ **饮食** yǐnshí 명 음식
- ☐ **锻炼** duànliàn 동 (몸을) 단련하다
- ☐ **提高** tígāo 동 향상시키다, 끌어올리다
- ☐ **症状** zhèngzhuàng 명 증상, 증후

- ☐ **抽血** chōu/xiě 동 피를 뽑다
- ☐ **倒** dǎo 동 (사람이나 똑바로 서 있던 것이 옆으로) 넘어지다, 쓰러지다
- ☐ **千万** qiānwàn 부 절대로, 제발
- ☐ **血压** xuèyā 명 혈압
- ☐ **力气** lìqi 명 힘, 역량
- ☐ **维生素** wéishēngsù 명 비타민
- ☐ **借口** jièkǒu 명 핑계, 구실
- ☐ **节奏** jiézòu 명 리듬, 박자
- ☐ **保持** bǎochí 동 (지속적으로) 유지하다, 지키다

生词热身练习　단어연습 · 적절한 단어를 골라 빈칸을 채우세요.

① 不要总找 ________ ，你应该对这次事故负责任。

계속 핑계를 찾으려고만 하지 말고, 당신은 이번 사고에 대해 책임을 져야 합니다.

② 为了 ________ 汉语水平，李美英一到中国就交了一个中国朋友。

중국어 수준을 향상시키기 위해서, 이미영은 중국에 가서 중국 친구를 한 명 사귀었다.

③ 妈妈告诉女儿过马路的时候 ________ 要注意安全。

엄마는 딸에게 길을 건널 때는 절대로 안전에 주의해야 한다고 알려주었다.

④ 哪儿不舒服？有什么 ________ ？

당신 어디 아파요? 어떤 증상이 있어요?

⑤ 刚才来的路上别提多难受了，因为我坐车的时候 ________ 车。

방금 왔던 길이 얼마나 괴로웠는지 말도 마세요. 왜냐하면 저는 차를 탈 때는 차 멀미를 하거든요.

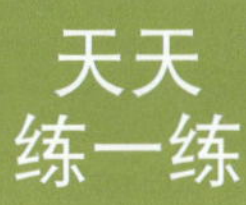

天天
练一练

핵심문형 패턴연습하기

01 ……죠?(사실 확인) **是不是……?**

▶ 당신 남자 친구 생겼죠?
你是不是有男朋友了?

▶ 어제 밤에 당신은 잠을 잘 못 잤죠?
昨晚你是不是没睡好?

02 어찌된 일이에요? **怎么搞的?**

▶ 어찌된 일이야? 너는 오늘도 숙제를 제출하지 않았어.
怎么搞的? 你今天又没有交作业。

▶ 어찌된 일이에요? 왜 매번 이렇게 꼼꼼하지 못해요?
怎么搞的? 为什么每次都这么不细心?

03 보아하니…… **看来……**

▶ 보아하니 다음 주에 또 비가 내릴 거 같아요.
看来下个星期又要下雨了。

▶ 보아하니 그녀의 다이어트 계획은 또 실패하겠네요.
看来她的减肥计划又要失败了。

04 ……가 아니라, ……예요. **不是……, 而是……**

▶ 오늘은 금요일이 아니라, 목요일이에요.
今天不是星期五，而是星期四。

▶ 저는 당신이 만든 음식을 안 좋아하는 게 아니라, 정말 너무 배불러요.
我不是不喜欢吃你做的菜，而是我真的吃得太饱了。

会话

美珍　学校安排这个周末去医院做体检。

美娜　哎呦，是不是得抽血啊? 我可有点儿晕血。

　　　上次抽血，我就差点儿晕倒了。

美珍　别担心，有我呢。不过说真的，听说早上要空腹。

　　　你千万别吃早饭。

美娜　嗯，放心吧。这点儿常识我还是知道的。

（一个星期后）

美珍　体检结果出来了，我血压有点儿低。

美娜　怎么搞的? 年纪轻轻的就有低血压，以后要多注意啊。

美珍　怪不得我近来总是感到疲劳、没有力气。

美娜　我也一样，这是现代人的通病。

美珍　可能是和我的饮食和生活习惯有关系吧。看来我要坚持吃维

　　　生素。

美娜　光吃维生素哪儿行啊? 我觉得我们之所以身体不好，

　　　是因为平时不锻炼。

美珍　我也想锻炼身体，可哪儿有时间啊?

美珍　别找借口了。为了你的身体健康，没时间也要抽时间锻炼身体。

美娜　看来我今年的目标不是工作第一，而是健康第一啊！

　　生活水平的提高和生活节奏的加快给现代人的健康带来了各种各样的问题。如果平时不注意管理，就会出现疲劳、无力等症状。那么怎样才能保持健康呢？一方面要坚持锻炼身体，哪怕每天快走30分钟，也会给你的健康带来好处；另一方面要保持良好的生活习惯，健康饮食、充分休息。最后，每天保持愉快的心情，不让自己受到压力。只有这样，你才能保持身心健康。

Měizhēn   Xuéxiào ānpái zhège zhōumò qù yīyuàn zuò tǐjiǎn.

Měinà   Āiyōu, shì búshì děi chōu xiě a? Wǒ kě yǒudiǎnr yūn xiě. Shàngcì chōu xiě, wǒ jiù chàdiǎnr
yùndǎo le.

Měizhēn   Bié dān xīn, yǒu wǒ ne. Búguò shuō zhēnde, tīng shuō zǎoshang yào kōngfù.
Nǐ qiānwàn bié chī zǎofàn.

Měinà   Ēng, fàng xīn ba. Zhè diǎnr chángshí wǒ háishì zhīdao de.

(Yí ge xīngqī hòu)

Měizhēn   Tǐjiǎn jiéguǒ chūlái le, wǒ xuèyā yǒudiǎnr dī.

Měinà   Zěnme gǎo de? Niánjì qīngqīng de jiù yǒu dīxuèyā yǐhòu yào duō zhùyì a.

Měizhēn   Guàibùde wǒ jìnlái zǒngshì gǎndào píláo、méiyǒu lìqi.

Měinà   Wǒ yě yíyàng, zhè shì xiàndàirén de tōngbìng.

Měizhēn   Kěnéng shì hé wǒ de yǐnshí hé shēnghuó xíguàn yǒu guānxi ba. Kànlái wǒ yào jiānchí chī
wéishēngsù.

Měinà   Guāng chī wéishēngsù nǎr xíng a? Wǒ juéde wǒmen zhī suǒyǐ shēntǐ bù hǎo, shì yīnwèi píngshí
bú duànliàn.

Měizhēn   Wǒ yě xiǎng duànliàn shēntǐ, kě nǎr yǒu shíjiān a?

Měinà   Bié zhǎo jièkǒu le. Wèile nǐ de shēntǐ jiànkāng, méi shíjiān yě yào chōu shíjiān duànliàn shēntǐ.

Měizhēn   Kànlái wǒ jīnnián de mùbiāo búshì gōngzuò dì yī, érshì jiànkāng dì yī a!

    Shēnghuó shuǐpíng de tígāo hé shēnghuó jiézòu de jiākuài gěi xiàndàirén de jiànkāng dàilái le gèzhǒng gèyàng de wèntí. Rúguǒ píngshí bú zhùyì guǎnlǐ, jiù huì chūxiàn píláo、wúlì děng zhèngzhuàng. Nàme zěnyàng cái néng bǎochí jiànkāng ne? Yìfāngmiàn yào jiānchí duànliàn shēntǐ, nǎpà měitiān kuài zǒu sānshí fēn, yě huì gěi nǐ de jiànkāng dàilái hǎochù; lìng yìfāngmiàn yào bǎochí liánghǎo de shēnghuó xíguàn, jiànkāng yǐnshí、chōngfèn xiūxi. Zuìhòu, měitiān bǎochí yúkuài de xīnqíng, bú ràng zìjǐ shòudào yālì. Zhǐyǒu zhèyàng, nǐ cái néng bǎochí shēnxīn jiànkāng.

01 上次抽血，我就差点儿晕倒了。

'差点儿……' '하마터면'이라는 뜻으로 '즉시 발생할 것 같지만, 아직 발생하지 않았다'는 의미이다. 差点儿 뒤에는 원치 않는 상황이 나오고, 결과는 발생하지 않았다는 의미를 나타낸다.

例句1 如果你不提醒我，这件事我差点儿忘了。

만약 당신이 저에게 알려주지 않았다면, 저는 하마터면 이 일을 잊어버릴 뻔했어요.

例句2 上次接到一个陌生人的电话，我差点儿被骗。

지난 번에 낯선 사람의 전화를 받고, 저는 하마터면 속을 뻔했어요.

아래 문장을 중국어로 번역하세요.

① 출국하기 전에, 제 여권이 보이지 않아서, 하마터면 못 올 뻔했어요.

→ ____ 。

② 십 몇 년 동안 보지 못했던 옛 친구를 하마터면 난 못 알아볼 뻔했다.

→ ____ 。

02 你千万别吃早饭。

'千万'은 '꼭, 반드시'란 의미로, 간절함을 나타낸다. 千万 뒤에는 일반적으로 '要'나 '不要', '别', '不能' 등과 같은 표현이 이어서 온다.

例句1 酒后千万别开车。

술을 마신 뒤에는 절대로 운전을 해서는 안 된다.

例句2 小孩子千万不要学说脏话。

어린 아이들은 절대로 욕을 배워서는 안 된다.

'千万'이 들어갈 적절한 위치를 고르세요.

① 最近张学明 A 在减肥，B 健身教练告诉他 C 睡前3个小时内 D 不要吃东西。　　　　　（　　）

② A 为了放松，B 玩玩儿游戏也好，但是 C 别一玩 D 就是好几个小时。　　　　　（　　）

03 我觉得我们之所以身体不好，是因为平时不锻炼。

'之所以……, 是因为……'는 인과관계를 나타내는 복문이다. 앞 절에는 결과를 설명하고, 뒤 절에는 이런 결과를 만들어낸 원인을 설명한다.

例句1 金大韩之所以没向他的同学表白，是因为他没有足够的勇气。
김대한이 그의 반 친구에게 자신의 마음을 표현하지 못한 이유는, 용기가 충분하지 않았기 때문이다.

例句2 今天逛街之所以什么也没买，是因为她已经花光了这个月的工资。
오늘 쇼핑을 할 때 아무것도 사지 않은 이유는, 그녀가 이미 이번 달 월급을 다 써버렸기 때문이다.

아래 문장을 완성하세요.
① 他之所以没参加昨天的晚会，＿＿＿＿＿＿＿＿＿＿＿＿＿＿＿＿＿。
②＿＿＿＿＿＿＿＿＿＿＿＿＿＿＿＿＿，是因为最近就业真的太难了。

04 一方面要坚持锻炼身体……，另一方面要保持良好的生活习惯，健康饮食、充分休息。

'一方面……,（另）一方面……'은 병렬관계의 복문에 쓰이며, 동시에 두 가지 혹은 두 가지 이상의 방법이나 원인, 목적, 조건 등이 존재함을 나타낸다. '한편으로는 …, 다른 한편으로는 …'로 해석된다.

例句1 我不想去旅行，一方面我没有时间，另一方面我没有钱。
나는 여행을 가고 싶지 않다. 한편으로는 내가 시간이 없고, 다른 한편으로는 돈이 없기 때문이다.

例句2 他到这个城市，一方面是为了出差，另一方面是看望老朋友。
그가 이 도시에 왔는데, 한편으로는 출장 때문이고, 다른 한편으로는 옛친구를 보러왔다.

아래 문장을 중국어로 번역하세요.
① 대학 입시까지 아직 한 달이 남았는데, 모두들 한편으로는 열심히 공부해야 하고, 다른 한편으로는 건강에 주의해야 한다.

→ ＿＿＿＿＿＿＿＿＿＿＿＿＿＿＿＿＿＿＿＿＿＿＿＿。

② 이번 계획이 실패한 원인은 한편으로는 준비가 부족했고, 다른 한편으로는 모두들 너무 자신만만했기 때문이다.

→ ＿＿＿＿＿＿＿＿＿＿＿＿＿＿＿＿＿＿＿＿＿＿＿＿。

다음 질문에 대한 자신의 생각을 자유롭게 이야기해 보세요.

01 你多长时间体检一次？

02 最近身体哪儿不舒服吗？

03 你经常感到压力大吗？

04 你是否¹按时²吃饭？并保证³一日三餐。

05 你是否抽烟？如果抽烟的话，你是否考虑过戒烟？

06 你是否有暴饮暴食、吃夜宵的习惯？

07 你去健身房吗？你经常运动吗？

08 你也同意健康第一吗？

1. 是否 shìfǒu
   [부] ~인지 아닌지

2. 按时 ànshí
   [부] 제때에, 시간에 맞추어

3. 保证 bǎozhèng
   [동] 보증하다

아래 그림에 나오는 새 단어를 배워 봅시다.

睡眠不足 shuìmián bùzú
수면부족

过劳 guòláo
과로(하다)

偏食 piānshí
편식

暴饮暴食 bàoyǐn bàoshí
폭음폭식

生活习惯不规律
shēnghuó xíguàn bù guīlǜ
불규칙한 생활습관

噪声影响
zàoshēng yǐngxiǎng
소음의 영향

垃圾食品
lājī shípǐn
정크푸드

亚健康
yàjiànkāng
병은 없지만 몸이 좋지 않은 상태

饮水不足
yǐnshuǐ bùzú
식수부족

아래 네 가지 그림을 보고, 간단하게 얘기해 보세요.

아래 단어를 이용해서 120자 내외의 단문을 쓰세요.

一方面……　　　另一方面……　　　差点儿
看来　　　千万　　　之所以……, 是因为……

Unit 9

我想买个新手机
저는 새 휴대폰을 사고 싶어요

▶ 당신은 자주 휴대폰을 바꾸나요?
▶ 당신의 휴대폰에는 어떤 기능이 있나요?
▶ 휴대폰이 어떤 편리함을 가져다 주었나요?

□ 新型 xīnxíng 형 신형의, 신식의
□ 瞧 qiáo 동 보다, 구경하다

□ 灵通 língtōng 형 (정보가) 빠르다
□ 速度 sùdù 명 속도

□ 简直 jiǎnzhí 부 정말로
□ 倍 bèi 양 배, 곱절

□ 屏幕 píngmù 명 스크린
□ 画质 huàzhì 명 화질

□ 薄 báo 형 얇다
□ 赶时髦 gǎn shímáo 동 유행을 따르다

□ 与其…, 不如… yǔqí…, bùrú… 접 …하느니 …하는 게 낫다
□ 智能 zhìnéng 형 지능이 있는, 지능을 갖춘

□ 旧 jiù 형 오래 되다, 낡다
□ 白 bái 부 헛되이, 쓸데없이

□ 减价 jiǎn/jià 동 값을 내리다
□ 舍不得 shě bude 동 ~하기 아까워하다

□ 离不开 lí bu kāi 동 떨어질 수 없다. 벗어날 수 없다
□ 乐趣 lèqù 명 즐거움, 재미

生词热身练习　단어연습 :::: 적절한 단어를 골라 빈칸을 채우세요.

① 妈妈总是 ＿＿＿＿ 花钱买贵的衣服。

엄마는 언제나 비싼 옷을 사는 데 돈 쓰는 것을 <u>아까워하신다.</u>

② 他这样的说话态度 ＿＿＿＿ 让人生气。

그의 말하는 태도는 <u>정말로</u> 사람들을 화나게 한다.

③ 外边这么好的天气，我们 ＿＿＿＿ 呆在家里， ＿＿＿＿ 出去散散心。

밖의 날씨가 이렇게 좋은데, 우리 집에 <u>있느니</u>, <u>차라리</u> 나가서 기분 전환해요.

④ 减肥药算是 ＿＿＿＿ 吃了，她一点儿也没瘦。

다이어트 약은 <u>헛되이</u> 먹었고, 그녀는 조금도 살이 빠지지 않았다.

⑤ 新款智能手机的速度比以前提高了一 ＿＿＿＿ 。

신형 스마트폰의 속도는 예전 것에 비해 <u>배로</u> 향상되었다.

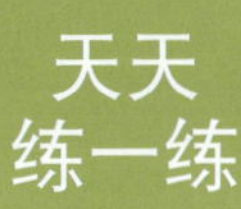

핵심문형 패턴연습하기

---

01 저에게 ·········해 주세요.　让我······

▶ 저에게 당신의 새 휴대폰을 보여줘요.
让我看看你的新手机。

▶ 저에게 이 새 노래를 들려줘요.
让我听听这首新歌。

---

02 ······가 안 되다　不到······

▶ 오늘 온도는 30도가 안 된다.
今天的气温不到30度。

▶ 아버지의 키는 1미터 80이 안 된다.
爸爸的个子不到一米八。

---

03 그런대로 괜찮아요.　还行吧。

▶ A : 요즘 잘 지내세요?　　　B : 그럭저럭요.
A：最近过得好吗?　　　　B：还行吧。

▶ A : 이번 시험 어려웠어요?　B : 괜찮았어요.
A：这次的考试难吗?　　　B：还行吧。

---

04 정말 잘하네요.　真会+动词

▶ 당신은 정말 옷을 잘 입네요.
你真会穿衣服。

▶ 그녀는 정말 말을 잘한다.
她真会说话。

会话

章学友	听说你换了最新型的手机，快拿出来让我瞧瞧。
王丽	你的消息好灵通啊！刚换不到一个星期。
章学友	怎么样？用得惯吗？
王丽	还行吧。不过新手机的速度简直比以前快了一倍。
章学友	除了速度快，这个手机还有哪些新功能呢？
王丽	功能和以前的差不多，但是外观上有了一些变化。屏幕大了一些，画质清楚了一些，机身也薄了一些。总之，比以前的好。
章学友	你啊，真会赶时髦。我要是你，与其花这么多钱买新手机，不如用这些钱去旅行。
王丽	话不能这么说，用这个智能手机真的很方便。
章学友	我的手机虽然旧了点儿，可是打电话、发短信也方便得很。
王丽	你不知道，有了智能手机，你的生活就大不同了。只要有这个手机，你就什么都做得了。
章学友	真的吗？
王丽	当然。那我就让你看看智能手机的厉害吧。我可以用这个手机一边看电影，一边发短信。你的手机没这个功能吧。
章学友	智能手机的确不错，这么多钱真没白花。
王丽	趁现在手机减价，你也快换一个吧。

随着电子技术的发展，手机的变化也越来越快。有人为了赶时髦，一出新手机就买；有人舍不得花那么多钱换新手机，因为对他们来说，手机只要能打电话、发短信就行。其实除了打电话、发短信以外，我们还可以用手机上网、娱乐、学习、购物等等。手机简直成了我们日常生活中离不开的一部分。这不但给我们的生活带来了方便，而且也给我们的生活带来了乐趣。你说是不是呢？

Zhāng Xuémíng	Tīng shuō nǐ huàn le zuì xīnxíng de shǒujī, kuài ná chūlái ràng wǒ qiáoqiao.
Wáng Lì	Nǐ de xiāoxi hǎo língtōng a! Gāng huàn búdào yí ge xīngqī.
Zhāng Xuémíng	Zěnmeyàng? Yòng de guàn ma?
Wáng Lì	Hái xíng ba. Búguò xīn shǒujī de sùdù jiǎnzhí bǐ yǐqián kuài le yí bèi.
Zhāng Xuémíng	Chúle sùdù kuài, zhège shǒujī háiyǒu nǎxiē xīn gōngnéng ne?
Wáng Lì	Gōngnéng hé yǐqián de chàbuduō, dànshì wàiguān shàng yǒu le yìxiē biànhuà. Píngmù dà le yìxiē, huàzhì qīngchu le yìxiē, jīshēn yě báo le yìxiē. Zǒngzhī, bǐ yǐqián de hǎo.
Zhāng Xuémíng	Nǐ a, zhēn huì gǎn shímáo. Wǒ yàoshi nǐ, yǔqí huā zhème duō qián mǎi xīn shǒujī, bùrú yòng zhèxiē qián qù lǚxíng.
Wáng Lì	Huà bù néng zhème shuō, yòng zhège zhìnéng shǒujī zhēn de hěn fāngbiàn.
Zhāng Xuémíng	Wǒ de shǒujī suīrán jiù le diǎnr, kěshì dǎ diànhuà、fā duǎnxìn yě fāngbiàn de hěn.
Wáng Lì	Nǐ bù zhīdao, yǒu le zhìnéng shǒujī, nǐ de shēnghuó jiù dà bù tóng le. Zhǐyào yǒu zhège shǒujī, nǐ jiù shénme dōu zuò de liǎo.
Zhāng Xuémíng	Zhēnde ma?
Wáng Lì	Dāngrán. Nà wǒ jiù ràng nǐ kànkan zhìnéng shǒujī de lìhai ba. Wǒ kěyǐ yòng zhège shǒujī yìbiān kàn diànyǐng, yìbiān fā duǎnxìn. Nǐ de shǒujī méi zhège gōngnéng ba.
Zhāng Xuémíng	Zhìnéng shǒujī díquè búcuò, zhème duō qián zhēn méi bái huā.
Wáng Lì	Chèn xiànzài shǒujī jiǎn jià, nǐ yě kuài huàn yí ge ba.

Suízhe diànzǐ jìshù de fāzhǎn, shǒujī de biànhuà yě yuèláiyuè kuài. Yǒu rén wèile gǎn shímáo, yì chū xīn shǒujī jiù mǎi; yǒu rén shě bù de huā nàme duō qián huàn xīn shǒujī, yīnwèi duì tāmen lái shuō, shǒujī zhǐyào néng dǎ diànhuà、fā duǎnxìn jiù xíng. Qíshí chúle dǎ diànhuà、fā duǎnxìn yǐwài, wǒmen hái kěyǐ yòng shǒujī shàng wǎng、yúlè、xuéxí、gòu wù děngděng. Shǒujī jiǎnzhí chéng le wǒmen rìcháng shēnghuó zhōng lí bù kāi de yí bùfen. Zhè búdàn gěi wǒmen de shēnghuó dàilái le fāngbiàn, érqiě yě gěi wǒmen de shēnghuó dàilái le lèqù. Nǐ shuō shì búshì ne?

01 怎么样? 用得惯吗?

'用得惯'은 가능보어로 '惯'은 어떤 동작을 시작할 때 익숙해졌거나 혹은 익숙해지지 못했음을 나타낸다.

例句1 中国北方人大部分吃得惯面食。

중국 북방 사람들은 대부분 밀가루 음식을 먹는데 익숙해져 있다.

例句2 老人看不惯没有礼貌的孩子。

노인들은 예의가 없는 아이들이 눈에 거슬린다.

적절한 표현을 골라 빈칸을 채우세요.

| 住得惯 | 穿不惯 | 喝得惯 | 抽得惯 | 用不惯 |

① 看起来爸爸________________这款新出的烟。

② 来自台湾的珍珠奶茶，越来越多的韩国人________________。

③ 虽然这个房子有点儿小，但是我一个人________________。

④ 我的女朋友________________高跟鞋。

⑤ 用惯了其他牌子手机的人，开始的时候__________苹果手机。

02 我要是你，与其花这么多钱买新手机，不如用这些钱去旅行。

'与其……, 不如……'는 선택 관계를 나타내는 접속사이다. 일반적으로 한 쪽을 포기한다는 의미에서 쓰이며, 앞 절의 내용과 비교했을 때, 뒤 절의 내용을 선택하는 게 낫다는 뜻이다.

例句1 与其来电影院看这么没意思的电影，还不如在家看电视剧呢。

영화관에 와서 이런 재미 없는 영화를 보느니, 차라리 집에서 연속극을 보는 게 낫겠다.

例句2 与其说她聪明，不如说她勤奋。

그녀가 똑똑하다고 말하느니, 열심히 한다고 말하는 게 낫겠다.

아래 문장을 완성하세요.

① ________________________，不如在家随便吃点儿。

② 面对失败，与其伤心后悔，不如________________________。

03 我的手机虽然旧了点儿，可是打电话、发短信也方便得很。

정도보어 긍정형식 '…得很'은 술어 뒤에 쓰이며, 술어의 정도가 매우 심하다는 것을 보충 설명한다.

例句1 安装了空调以后，家里凉快得很。
에어컨을 설치한 후, 집안이 아주 시원해졌다.

例句2 我假期一个人呆在家里，无聊得很。
나는 휴가기간 동안 혼자 집에 있었는데, 너무 지루했다.

아래 문장을 중국어로 번역하세요.

① 저번에 친구가 추천해 준 그 식당의 음식은 정말 맛있다.

→ ____ 。

② 우리 회사에 새로 온 샤오왕은 성격이 매우 유머러스하다.

→ ____ 。

04 智能手机的确不错，这么多钱真没白花。

부사 '白'는 동작이 발생한 이후에 성과나 효과가 없다는 의미이다.

例句1 大学四年白学了，现在做的工作和大学专业一点儿关系也没有。
대학 4년동안 헛배워서, 지금 하는 일은 대학 전공과 아무런 관련이 없다.

例句2 你还是忘了，我白提醒你了。
당신은 그래도 잊어버렸군요, 제가 알려줬는데도 아무 소용이 없어요.

'白'가 들어갈 적절한 위치를 고르세요.

① 没想到A你已经B吃了早饭，C我D买了你的那份。　　　（　　）

② 我A等了那么长时间，B早知道他C不来的话，我就不D等了。

（　　）

다음 질문에 대한 자신의 생각을 자유롭게 이야기해 보세요.

01 最近你打算换新手机吗？为什么？

1. 上瘾 shàngyǐn
   동 중독되다

2. 能否 néngfǒu
   동 ~할 수 있나요?

3. 适应 shìyìng
   동 적응하다

02 你大概多长时间换一次手机？

03 你想换什么样的手机？

04 你常用手机的什么功能？

05 智能手机最大的优点是什么？

06 你是不是手机上瘾[1]者？

07 简单谈谈手机给我们生活带来的方便。

08 你能否[2]适应[3]没有手机的日子？

  Track 36

시대의 변천으로 인한 전자상품의 변화를 알아 봅시다.

胶卷相机
jiāojuǎn xiàngjī
필름카메라

→

数码相机
shùmǎ xiàngjī
디지털 카메라

→

单反相机
dānfǎn xiàngjī
DSLR카메라

BP机
BPjī
삐삐

→

大哥大
dàgēdà
셀룰라폰

→

手机
shǒujī
핸드폰
(최초 검은색의 큰 핸드폰)

→

触摸手机 / 智能手机
chùmō shǒujī /
zhìnéng shǒujī
터치 핸드폰 / 스마트폰

随身听
suíshēntīng
워크맨

→

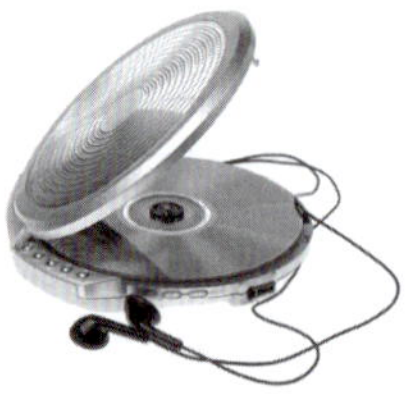

CD机
CDjī
CD플레이어

→

MP3
MPsān
MP3

→

MP4
MPsì
MP4

아래 그림을 보고, 간단하게 얘기해 보세요.

天天
写一写

글로 표현하기 

智能手机带给
我们的方便?

①

②

③

智能手机带给
我们的不便?

①

②

③

중국에서 인기 있는 앱

'웨이신(微信)'은 전세계에서 가장 많은 사용자가 쓰는 모바일 메신저다. 4억5천만명이 쓰는 것으로 알려져 있다. 중국의 인터넷 기업 1위인 Tencent에서 개발한 중국판 카카오톡이다. 한국에서는 '위챗Wechat'이란 이름으로 마켓이나 앱스토어에서 다운로드 받을 수 있다. 웨이신은 사용자 간의 일대일 대화, 다자간 대화가 가능하고 휴대전화 네트워크를 통해서 문자, 사진, 음성, 동영상 다양한 미디어를 주고 받을 수 있다. 또한 가까운 지역에 있는 사용자를 자동으로 검색할 수 있는 새로운 기능까지 있다. 중국인 친구를 사귀고 싶다면 웨이신을 사용해보자.

중국 포털서비스 업체 바이두가 개발한 카메라 앱 '메이투 시우시우 (美图秀秀)'도 사용자 수가 2억명을 넘을 정도로 인기가 높다. 한국에서는 '포토원더'로 알려져 있는데, '웨이신 모멘트(웨이신의SNS)'와 연동된 후에 더욱 많은 사람들이 사용하게 되었다. 다양한 필터링 기능, 여러 장의 사진을 1장으로 정리하는 기능, 스탬프, 프레임고 있으며, 중국의 젊은이들이 셀카를 찍을 때 이 앱을 선호한다.

웨이신 http://weixin.qq.com

메이투 시우시우 http://xiuxiu.meitu.com

Unit 10

你是小皇帝还是小公主?

당신은 소황제예요? 소공주예요?

▶ 당신은 형제자매가 있나요?
▶ 당신은 형제 중 몇 째 인가요?
▶ 당신은 소황제인가요?

- ☐ 尽管 jǐnguǎn [부] 얼마든지, 마음대로
- ☐ 独生子 dúshēngzǐ [명] 외동아들
- ☐ 小皇帝 xiǎohuángdì [명] 소황제
- ☐ 长辈 zhǎngbèi [명] 손윗 사람, 집안 어른
- ☐ 打扫 dǎsǎo [동] 청소하다
- ☐ 家务 jiāwù [명] 집안일
- ☐ 计划生育 jìhuà shēngyù 산아 제한 계획, 가족 계획
- ☐ 鞋带 xiédài [명] 신발끈
- ☐ 教育 jiàoyù [명] 교육
- ☐ 兄弟姐妹 xiōngdìjiěmèi 형제자매
- ☐ 传说 chuánshuō [명] 전설, 소문
- ☐ 幸会 xìnghuì [동] 만나 뵙게 되어 기쁩니다.
- ☐ 宠爱 chǒng'ài [동] 각별히 사랑하다
- ☐ 害羞 hàixiū [형] 부끄러워하다
- ☐ 包 bāo [동] 전적으로 책임지다
- ☐ 政策 zhèngcè [명] 정책
- ☐ 系 jì [동] 묶다
- ☐ 娇生惯养 jiāo shēng guàn yǎng [성어] 응석받이로 자라다
- ☐ 饭来张口，衣来伸手 fàn lái zhāng kǒu, yī lái shēn shǒu [성어] 밥이 오면 입을 벌리고, 옷이 오면 손을 내밀다.

生词热身练习　단어연습 ⋮⋮⋮ 적절한 단어를 골라 빈칸을 채우세요.

**① **为了让我努力学习，妈妈从来不让我做 ＿＿＿＿＿。
내가 공부를 열심히 하도록 하기 위해, 엄마는 여태껏 나에게 집안일을 시키지 않으셨다.

**② **＿＿＿＿＿ 喜欢有礼貌的孩子。
어르신들은 예의 있는 아이를 좋아한다.

**③ **在中国独生子被叫做 ＿＿＿＿＿。
중국에서는 외동아들과 딸을 일컬어 소황제라고 한다.

**④ **他是个 ＿＿＿＿＿ 的孩子，一说话就脸红。
그는 수줍음이 많은 아이로, 한 마디만 하면 얼굴이 빨개진다.

**⑤ **今天我请客，想吃什么 ＿＿＿＿＿ 点。
오늘은 제가 대접할게요, 드시고 싶은 게 있으면 얼마든지 주문해요.

핵심문형 패턴연습하기

01　줄곧……　　一直……

▶ 나는 줄곧 중국에 가서 일하고 싶었다.
我一直希望去中国工作。

▶ 나는 줄곧 그 책을 사고 싶었다.
我一直想买那本书。

02　기왕 ……된 이상, ……하세요.　既然……，就……

▶ 기왕 당신이 이미 결정했으니, 열심히 해보세요.
既然你已经决定了，就努力做吧。

▶ 기왕 이미 왔으니, 식사하고 가세요.
既然已经来了，就吃了饭再走吧。

관용표현

03　우리가 누구예요!　咱俩谁跟谁啊！

이번에 제 바쁜 일을 도와주셔서 정말 감사해요.
A：这次真是感谢你帮了我的大忙。

뭘 사양하고 그러세요, 우리가 누구예요!
B：客气什么呀，咱俩谁跟谁啊！

관용표현

04　전 그런 뜻이 아니었어요.　我不是那个意思。

당신은 그녀가 별로 안 예쁘다고 생각하나요?
A：你觉得她长得不够漂亮吧?

전 그런 뜻이 아니라, 단지 그녀가 제가 좋아하는 타입이 아니라고 생각해요.
B：我不是那个意思，只是觉得她不是我喜欢的类型。

会话

李美英	问你一个个人问题，可以吗？
张学明	咱俩谁跟谁啊？有什么问题，你尽管问吧。
李美英	你有兄弟姐妹吗？
张学明	没有，我是独生子。不过我一直希望有一个哥哥。
李美英	那你就是传说中的"小皇帝"了。幸会幸会！
张学明	什么小皇帝啊？你觉得我有那么娇生惯养吗？
李美英	我不是那个意思。早就听说中国的独生子女从小受到父母长辈的宠爱，"饭来张口，衣来伸手"地过着皇帝一样的生活，所以被叫做"小皇帝"。
张学明	照你这么说，应该叫你"小公主"才对。
李美英	我不是独生女，为什么是"小公主"啊？
张学明	你妈妈每天给你做饭，打扫房间，洗衣服。你过着公主一样的生活，所以你才是"小公主"。
李美英	哎呀，你快别说了，我脸都红了。
张学明	既然知道害羞了，就开始帮妈妈做做家务吧。
李美英	从明天开始，家里的家务我全包了。
张学明	别从明天开始了，从现在开始吧。

　　中国从20世纪70年代开始了计划生育政策。什么是计划生育呢? 就是一个家庭只生一个孩子。这些孩子因为受到长辈的宠爱, 从小"饭来张口, 衣来伸手"。他们什么家务都不做, 甚至连鞋带都不会系, 更别提洗衣服、做饭了, 再加上从小想要什么就有什么, 想吃什么就吃什么。很多独生子女只想自己不想他人, 所以养成了自私的性格, 又被叫做"小皇帝"。然而有些独生子女从小受到严格的教育, 更像个哥哥姐姐, 很会照顾别人。你身边也有"小皇帝"吗? 他是哪种"小皇帝"呢?

Lǐ Měiyīng	Wèn nǐ yí ge gèrén wèntí, kěyǐ ma?
Zhāng Xuémíng	Zánliǎ shéi gēn shéi a? Yǒu shénme wèntí, nǐ jǐnguǎn wèn ba.
Lǐ Měiyīng	Nǐ yǒu xiōngdì jiěmèi ma?
Zhāng Xuémíng	Méiyǒu, wǒ shì dúshēngzǐ. Búguò wǒ yìzhí xīwàng yǒu yí ge gēge.
Lǐ Měiyīng	Nà nǐ jiùshì chuánshuō zhōng de "xiǎo huángdì" le. Xìnghuì xìnghuì!
Zhāng Xuémíng	Shénme xiǎo huángdì a? Nǐ juéde wǒ yǒu nàme jiāo shēng guàn yǎng ma?
Lǐ Měiyīng	Wǒ búshì nàge yìsi. Zǎojiù tīng shuō Zhōngguó de dúshēngzǐnǚ cóngxiǎo shòudào fùmǔ zhǎngbèi de chǒng'ài, "fàn lái zhāng kǒu, yī lái shēnshǒu" de guò zhe huángdì yíyàng de shēnghuó, suǒyǐ bèi jiàozuò "xiǎo huángdì".
Zhāng Xuémíng	Zhào nǐ zhème shuō, yīnggāi jiào nǐ xiǎo gōngzhǔ cái duì.
Lǐ Měiyīng	Wǒ búshì dúshēngnǚ, wèishénme shì xiǎo gōngzhǔ a?
Zhāng Xuémíng	Nǐ māma měitiān gěi nǐ zuò fàn, dǎsǎo fángjiān, xǐ yīfu. Nǐ guò zhe gōngzhǔ yíyàng de shēnghuó, suǒyǐ nǐ cái shì xiǎo gōngzhǔ.
Lǐ Měiyīng	Āiyā, nǐ kuài bié shuō le, wǒ liǎn dōu hóng le.
Zhāng Xuémíng	Jìrán zhīdao hàixiū le, jiù kāishǐ bāng māma zuòzuo jiāwù ba.
Lǐ Měiyīng	Cóng míngtiān kāishǐ, jiālǐ de jiāwù wǒ quán bāo le.
Zhāng Xuémíng	Bié cóng míngtiān kāishǐ le, cóng xiànzài kāishǐ ba.

Zhōngguó cóng èrshí shìjì qīshí niándài kāishǐ le jìhuà shēngyù zhèngcè. Shénme shì jìhuà shēngyù ne? Jiùshì yí ge jiātíng zhǐ shēng yí ge háizi. Zhèxiē háizi yīnwèi shòudào zhǎngbèi de chǒng'ài, cóngxiǎo "fàn lái zhāng kǒu, yī lái shēn shǒu", Tāmen shénme jiāwù dōu bú zuò, shènzhì lián xiédài dōu búhuì jì, gèng bié tí xǐ yīfu、zuò fàn le, zài jiā shàng cóngxiǎo xiǎng yào shénme jiù yǒu shénme, xiǎng chī shénme jiù chī shénme. Hěn duō dúshēngzǐnǚ zhǐ xiǎng zìjǐ bù xiǎng tārén, suǒyǐ yǎngchéng le zìsī de xìnggé, Yòu bèi jiàozuò "xiǎo huángdì". Rán'ér yǒuxiē dúshēngzǐnǚ cóngxiǎo shòudào yángé de jiàoyù, gèng xiàng ge gēge jiějie, hěn huì zhàogù biérén. Nǐ shēnbiān yě yǒu "xiǎo huángdì" ma? Tā shì nǎ zhǒng "xiǎo huángdì" ne?

어법 익히기

01 **你尽管问吧。**

'尽管'은 '다른 것을 고려할 필요가 없다', '걱정할 필요가 없다'라는 의미가 있으며, '随便'과 비슷하다.

例句1 你有什么问题尽管问吧。我知道的都告诉你。
당신은 무슨 문제가 있으면 편하게 물어봐요. 제가 아는 것은 뭐든지 다 알려줄게요.

例句2 今天我请客，有什么想吃的尽管点吧。
오늘은 제가 낼게요, 드시고 싶은 게 있으면 뭐든지 주문해요.

'尽管'은 '비록 ～이지만'의 의미도 있으며, 뒤에 항상 반전의 어기를 표시한다.

例句1 尽管你是我最好的朋友，我也不能告诉你。
비록 넌 나의 가장 좋은 친구이지만, 나도 너에게 알려줄 수가 없어.

例句2 尽管他试了各种各样的方法，但都没成功。
비록 그는 여러 가지 방법을 시도했지만, 모두 성공하지 못했다.

아래 문장을 완성하세요.

① 尽管＿＿＿＿＿＿＿＿＿＿＿＿＿＿＿，我还是一眼就认出了她。

② 今天发工资了，你想买什么尽管＿＿＿＿＿＿＿＿＿＿＿。

③ 尽管妈妈说不同意，＿＿＿＿＿＿＿＿＿＿＿＿＿＿＿。

02 早就听说中国的独生子女从小受到父母长辈的宠爱，

'早'는 동작이 과거에 발생한 시간부터 지금까지 이미 아주 오랜 시간이 되었다는 것을 강조한다. '早' 뒤에는 자주 '就'와 함께 사용된다.

例句1 我早就想去外国旅行，只是没有时间，才一直没去。

나는 오래전부터 외국에 가서 여행을 하고 싶었지만, 시간이 없어서 계속 못 갔다.

例句2 我早就知道他喜欢你，从他的话里听得出来。

저는 일찌감치 그가 당신을 좋아하는 것을 알았어요, 그의 말에서 알 수 있었거든요.

아래 문장을 중국어로 번역하세요.

① 이 사람은 오래 전부터 여기에 살지 않았으니, 당신은 다시 다른 곳에 가서 물어보세요!

→ ____!

② 이 상품은 한국에 오래 전부터 있었어요, 결코 새롭고 독창적인 상품이 아닙니다.

→ ____。

③ 저는 오래 전부터 이 핸드폰을 사고 싶었는데, 마침내 샀어요.

→ ____。

03 又被叫做"小皇帝"。

개사 '被'는 피동의 의미를 나타내며, '被'자문의 기본 형식은 'A被(B)+동사+기타성분'이다.

例句1 这样闷热的高温天气被叫做"桑拿天"。

이런 후덥지근한 고온 날씨를 일컬어 '사우나 날씨'라고 한다.

例句2 刚去中国的时候，因为发音不好，常常被误会。

막 중국에 갔을 때, 발음이 좋지 않아 자주 오해를 받았다.

'被'가 들어갈 적절한 위치를 고르세요.

① 他从小 A 就 B 没 C 父母 D 批评过。　（　　）

② A 我 B 怕 C 他拒绝，一直没 D 勇气表白。　（　　）

04 照你这么说，

'按照(~에 따르다)'와 같은 의미이다. 뒤에 항상 추측을 나타내는 문장과 같이 사용한다.

例句1 照我说的做一定不会错的。
내가 말한 대로 하면 분명 틀리진 않을 거예요.

例句2 照这么熬下去，肯定会生病的。
이렇게 계속 밤을 새면, 분명히 병이 날 거예요.

아래 문장을 완성하세요.
① ___________________，今年的夏天的高温天气要持续很长时间。
② 照这样的速度，___________________________________。

05 所以你**才**是"小公主"。

'才'는 강조를 나타내며, 대상이 유일함을 강조한다. 부정문은 '才不是'로 표현한다.

例句1 通过这件事可以看出，你才是我真正的朋友。
이번 일을 통해서, 너만이 내 진정한 친구라는 것을 알 수 있게 되었어.

例句2 他才不是你们说的那种人，我很了解他。
그는 당신들이 말하는 그런 사람이 아니예요, 저는 그를 잘 알고 있어요.

'才'가 들어갈 적절한 위치를 고르세요.
① 这 A 是 B 我们公司 C 想要的 D 产品。　（　　）
② 我 A 说的 B 那个人 C 不 D 是他呢。　（　　）

다음 질문에 대한 자신의 생각을 자유롭게 이야기해 보세요.

01 你有兄弟姐妹吗？

02 你是老大吗？

03 在韩国独生子女多吗？

04 你觉得独生子女好还是有兄弟姐妹好？

05 你觉得有哥哥好还是有姐姐好？

06 独生子女一定是"小皇帝"、"小公主"吗？

07 你小时候是娇生惯养的孩子吗？

08 你对计划生育怎么看？说说它的优缺点。

아래 그림에 나오는 새 단어를 배워 봅시다.

胆小鬼 dǎnxiǎoguǐ
겁쟁이

笑面虎 xiàomiànhǔ
겉과 속이 다른 사람(겉은 온화하지만 속은 음흉한 사람)

旱鸭子 hànyāzǐ
맥주병(수영을 못하는 사람)

书呆子 shūdāizǐ
책벌레

小气鬼 xiǎoqìguǐ 짠돌이	老好先生 lǎohǎo xiānsheng 항상 좋다고만 하는 사람	母老虎 mǔlǎohǔ 심술궂은 여자(성질이 사나운 여자)
光棍儿 guānggùnr 남자 독신자(홀아비)	钻石王老五 zuànshí wánglǎowǔ 조건 좋은 노총각	单身贵族 dānshēn guìzú 화려한 솔로

실력 확인하기

아래와 같이 형제자매가 있다면 어떤 좋은 점과 나쁜 점이 있을지 얘기해 보세요.

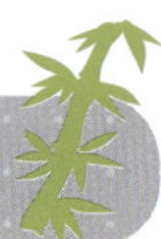

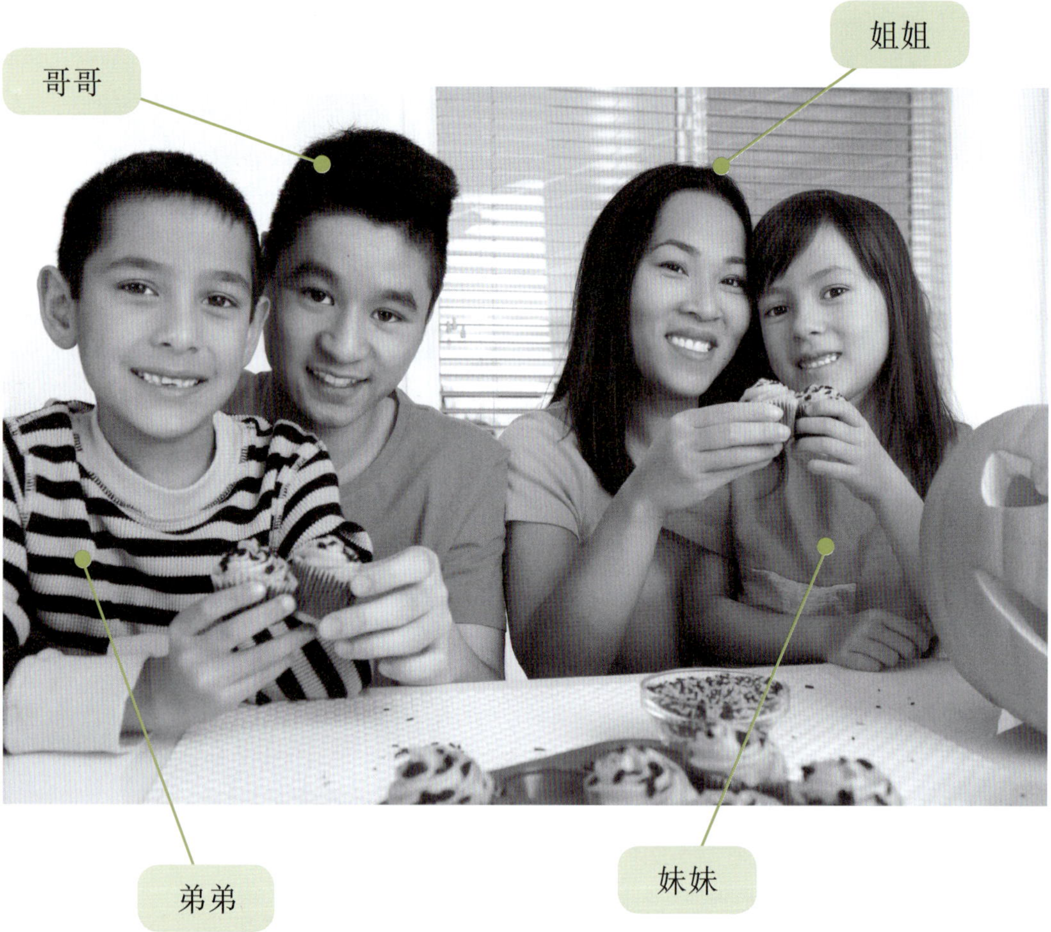

아래 단어를 이용해서 120자 내외의 단문을 쓰세요.

小皇帝　　娇生惯养　　饭来张口, 衣来伸手　　受

Translation & Answer keys

해석 & 정답

1 认识一下 소개해 봐요　　　　　p 14

회화

(버스 정류장에서)

장학우 : 죄송하지만, 뭐 좀 여쭤 볼게요, 401번이 여기서 타는 게 맞나요?

이미영 : 맞아요. 5분만 더 기다리면 올 거예요.

장학우 : 고마워요. 듣자하니 당신은 여기 사람이 아니죠?

이미영 : 어떻게 아셨어요? 저는 한국에서 왔어요. 당신 발음을 듣자하니, 당신도 여기 사람이 아니죠?

장학우 : 와, 정말 대단해요! 그럼 제가 어디서 왔는지 맞춰 보세요.

이미영 : 제가 보기에 당신은 상하이에서 온 것 같은데요.

장학우 : 이번에도 맞추다니, 당신은 완전히 중국 사람이네요.

이미영 : 별말씀을요. 사실은 저의 가장 친한 친구가 상하이 사람이거든요.
　　　　 당연히 상하이 발음은 들어서 알 수 있죠.

장학우 : 신기하네요! 저도 상하이 사람이에요. 우리 친구해요! 저는 장학우라고 합니다.

이미영 : 장학우요? 그러면 당신은 노래를 분명 잘 하겠네요.

장학우 : 오해하지 마세요, 저의 성은 활 궁, 길 장의 '장'이 아니라, 설 립, 이를 조의 '장'이예요.
　　　　 공부할 '학', 친구의 '우'요. 그럼 전 당신을 어떻게 불러야 할까요?

이미영 : 저는 이미영이라고 해요, 나무 목, 아들 자의 '이', 아름다울 '미', 영국의 '영'이요.
　　　　 당신은 저를 '미영'이라고 부르시면 되요. 상하이 친구를 또 사귀게 되서 기뻐요.

장학우 : 저도 기뻐요. 당신의 핸드폰 번호를 알려주세요. 우리 자주 연락해요.

단문

미영의 일기

2013년 4월 7일 일요일 맑음

　오늘 버스를 기다리고 있을 때, 우연히 새로운 친구를 알게 되었다. 그는 상하이에서 왔지만, 보기에는 오히려 북방 사람 같았다. 키는 컸고, 뚱뚱하지도 마르지도 않은 몸매였다. 성격은 유머가 있고 시원시원했다. '장학우'라는 그의 이름은 나를 깜짝 놀라게 했다. 왜냐하면 내가 제일 좋아하는 가수가 '장학우'였기 때문이다. 그러나 그들은 이름은 같았지만, 성은 달랐다. 만약 그가 노래를 잘 부르면 얼마나 좋을까! 아무튼, 오늘은 새 친구를 알게 되어서 기뻤다.

회화

왕리:　환영해! 얼른 들어와서 앉아.

미나 :　너의 새 집은 찾기가 아주 쉽네. 이렇게 쉽게 찾을 수 있을 줄은 생각도 못했어.

왕리:　나는 네가 찾지 못할까봐 걱정했어.

미나:　뭘 가지고 와야 좋을지 몰라서, 우리 한국 사람의 습관에 따라서 화장지와 세탁용품을 조금 샀어.

왕리:　너 뭘 이런 것을 다.

미나:　별말씀을. 이건 당연한거야. 너의 새 집 정말 괜찮다. 크고 밝구나.

왕리:　응, 이전에 살던 곳은 확실히 이곳보다는 못했지
　　　지금은 방 두 개에 거실이 하나야.

미나:　그럼 빨리 나를 데리고 한번 구경시켜줘.

왕리:　나를 따라와, 이 방이 침실이고, 침실 맞은편은 서재야. 서재와 침실 사이에 화장실이 있어.
　　　여기는 주방이고 여기는 거실이야.

미나:　방이 정말 작지 않네. 이 작은 베란다도 너무 좋아 보여.

왕리:　아무 일도 없고 한가할 때, 나는 항상 베란다에서 책을 좀 보거나, 음악을 들어.

미나:　이렇게 좋은 집을 찾다니 정말 부러워.

왕리:　운이 좋았을 뿐이야. 자, 과일을 준비해 놓았으니, 우리 먹으면서 얘기하자.

단문

　왕리는 새 집으로 이사를 했는데, 너무 마음에 들었습니다. 새 집 근처에는 지하철역도 있고 공원도 있으며, '兩室一厅'입니다. '兩室'는 방이 두 개이고, '一厅'은 거실이 하나라는 말입니다. 이 밖에도, 화장실, 주방과 작은 베란다가 하나씩 있습니다. 아무 할 일이 없이 한가할 때, 왕리는 자주 베란다에서 책을 보거나 음악을 듣습니다.

비록 집값이 비싸지만, 예전의 집에 비해 훨씬 좋습니다. 왕리가 새 집으로 이사간 것을 축하하기 위해서, 미나는 화장지와 세탁용품을 조금 샀습니다. 사실, 중국 사람의 관습에 따르면, 다른 사람의 집에 갈 때는 과일이나 생화, 술 등을 조금 사가면 됩니다.

3 麦当劳出了款新汉堡 맥도날드에서 새 햄버거를 출시하다 p 42

회화

피터: 듣자하니, 맥도날드에서 새 햄버거가 출시되었다던데, 우리 점심에 가서 먹어보자, 어때?

김대한: 좋은 생각이야! 마침 나도 오늘 입맛을 바꿔보고 싶었어.

피터: 맥도날드와 비교했을 때, 중국 사람들은 KFC를 더 좋아하는 것 같아.

김대한: '肯德基'가 뭐야?

피터: '肯德基'가 바로 KFC야. 중국어를 공부하려면, 먼저 중국어에 있는 외래어부터 시작해야 해.

김대한: 보아하니, 넌 중국의 외래어에 대해 잘 아는 것 같구나.

피터: 당연하지. 예를 들면, 맥도날드의 '빅맥', KFC의 '닭다리살 버거', 피자헛의 '피자', 스타벅스의 '아메리카노' 등이 있지.

김대한: 너가 말하는 게 다 뭐야? 난 왜 다 못 알아 듣겠냐?

피터: 이런 게 다 중국어에 있는 외래어야, 요즘 난 외래어를 연구하는 데 빠져있어.
너 '热狗'가 무슨 뜻인지 알아?

김대한: 간단하지 않아? 热는 'hot'이란 뜻이고, 狗는 'dog'란 뜻이잖아. 영어의 'hot dog' 아냐?

피터: 진짜 똑똑하다, 사실 중국어에 있는 외래어는 어떤 건 음역을 했고, 어떤 건 의역을 했어.

김대한: (아, 참) 맞다!, 나도 의역한 외래어 단어 하나를 알아. '칵테일'.

피터: 중국어의 외래어는 정말 공부하면 할수록 재미있어.

단문

중국어를 공부하는 외국인에게 있어서, 외래어는 항상 머리를 아프게 하는 골칫덩이입니다. 사실 외래어는 우리가 생각하는 것처럼 그렇게 어렵지 않고, 반대로 공부하면 할수록 재미있습니다. 중국어의 외래어는 음역과 의역, 두 종류로 나뉩니다. 음역은 외국어의 발음을 한자로 표현한 것입니다. 예를 들면, 커피, 콜라, 초콜릿, 햄버거 등이 있지요. 의역은 의미에 따라 외국어를 중국어로 번역한 것입니다. 우리가 알고 있는 핫도그, 칵테일이 모두 번역해서 의역한 것이고요. 그럼 'green food'는 중국어로 어떻게 번역하는지 맞춰볼래요? 음역일까요? 의역일까요?

회화

장학명: 밖에 비가 오네. 너 우산 가지고 왔어?

김대한: 저 우산 잃어버렸어요, 아직 새 우산을 안 샀어요.
그런데 일기예보에서 듣기로는, 오늘 비 안 온다고 했어요.

장학명: 지금 장마잖아, 매일 우산 가지고 다니는게 좋아.

김대한: 상하이도 장마가 있어요? 그건 처음 들어보는데.

장학명: 매년 6월 중순부터 7월 초,중순까지가 상하이 장마기간이야.

김대한: 어쩐지 요새 매일 비가 계속되더라고요, 맑은 날을 못 봤는데, 알고 보니 장마가 왔구나.

장학명: 말 나온 김에 알려줄게, 장마가 가고, 대략 8월부터 폭염이 시작돼!
그때는 자외선 차단을 잘 해야 해.

김대한: 그래요? 비록 내가 맑은 날을 좋아하지만, 햇빛이 내리쬐는 건 싫은데.
맞다, 형은 맑은 날을 좋아해요, 아니면 비 오는 날을 좋아해요?

장학명: 예전에는 비 오는 날을 좋아하지 않았어. 비가 오면, 마음이 답답했거든.
그런데 요즘은 어찌된 일인지, 가면 갈수록 비 오는 날의 낭만적인 분위기가 좋더라.

김대한: 저는 비 올 때 친구들과 막걸리 마시면서 김치전을 먹는 건 좋아요, 얼마나 즐거운지 몰라요.

장학명: 여기까지 얘기했는데, 저녁에 친구들 몇몇과 모이자.

김대한: 좋아요, 오랫동안 막걸리를 마시지 않았어요, 제가 지금 전화해서 예약할게요.

단문

　상하이의 장마는 매년 6월 중순부터 7월 중순까지입니다. 장마가 끝나고 8월부터 상하이의 날씨는 폭염이 시작됩니다. 한낮 가장 높은 온도가 40도 전후이고, 밤의 가장 낮은 온도도 28,9도입니다. 상하이의 여름이 한국과 다른 점은 매우 습해서 후덥지근하게 느껴진다는 것입니다. 사람들은 이런 날씨를 '사우나 날씨'라고 부릅니다. 자외선을 차단하기 위해 '사우나 날씨'에는 외출할 때 양산을 가지고 나가야 하며, 비가 오는 날 또한 우산을 가지고 나가야 합니다. 보아 하니, 사람들은 매일 우산을 가지고 다녀야 하네요.

회화

김대한: 몇 시나 되었나? 민국이는 어째서 아직도 안오지?
장학우: 민국이 기다리지 말고, 우리 먼저 먹자. 안 그러면 음식이 다 식겠어.
피터: 어, 저 모자 쓴 사람이 민국이 아니야?
김대한: 정말 "호랑이도 제 말하면 온 다더니!"

(민국 등장)
민국: 미안해, 차가 막혀서 늦게 왔어.
장학우: 중국에서는 늦게 온 사람이 벌주로 세 잔을 마셔야 하는데!
민국: 걱정 마. 세 잔 밖에 안 돼? 내가 먼저 비운다.
장학우: 기다려, 먼저 가득 채우고 나서 비워. "술은 가득 채우고 차는 반만 채우라잖아!"

(민국은 연달아 세 잔을 비운다.)
피터: 술고래야! 술고래! 나보다 훨씬 세네.
김대한: 너의 주량은 어떤데?
피터: 보통이야. 난 중국의 바이지우는 못 마시겠어, 도수가 너무 높아.
민국: 도수가 높긴 높지. 그런데 중국의 바이지우를 마시면 다음 날 머리도 안 아프고, 속도 편해.
       게다가 해장국 안 마셔도 돼.
김대한: 완전 공감이야!
장학우: 자자자, 우리의 내일을 위해서, 건배!
다함께: 건배!

단문

   중국 사람과 술을 마실 때는 중국의 술 예절을 이해해야 합니다. 예를 들어, 늦게 오면 '벌주로 세 잔을 마셔야 하고', 술을 따를 때는 반드시 가득 채워야 하는데, 중국 사람은 "술은 가득 채우고, 차는 반만 채워라"라고 합니다. 그리고 중국 사람은 건배라고 말할 때는 매번 한 입에 다 마실 필요는 없습니다. 막 중국에 왔을 때, 저는 이 예절을 이해하지 못해서, 벌주를 많이 마셨습니다. 예전에 저는 정말 바이지우를 마시지 못했는데, 도수가 너무 높았기 때문입니다. 한 입만 마셔도 토하고 싶었습니다. 그러나 요즘은 점점 마시는 것을 즐깁니다. 첫째로 바이지우는 많이 마셔도 머리가 아프지 않고, 둘째로 바이지우를 마셔야만 중국 음식의 진정한 맛을 느낄 수 있기 때문입니다.

회화

장학명: 너 다크써클이 왜 그렇게 심해? 또 밤 샜지?

장학우: 네, 월드컵 준결승전 보느라 밤을 샜어요, 브라질 대 스페인 경기.

장학명: 결과는 어땠어?

장학우: 브라질이 2:1로 스페인을 이겼어요. 스페인이 엄청 아깝게 졌어요, 1점차이로.
그래도 어찌 되었든 정말 훌륭한, 잊을 수 없는 경기였어요.

장학명: 너 그렇게 자주 축구 보느라 밤을 새면, 몸이 견뎌낼 수 있어?

장학우: 잊지마요, 난 골수 축구 팬이라고요. 설령 다음 날 시험이 있다 해도, 난 밤을 새며 축구 경기를
볼 거예요.

장학명: 너 참 대단하다, 나는 하루 밤을 새면 며칠을 쉬어도 피로가 안 풀려.

장학우: 4년 마다 한 번씩 오는 월드컵은 쉽지 않은 거잖아요, 만약 놓치면 얼마나 후회되겠어요.

장학명: 그 말도 맞다. 아, 맞다, 이번 주말에 시간 있어?

장학우: 이번 주말에는 별다른 계획 없는데, 무슨 일 있어요?

장학명: 주말에 모두들 시간이 있는 틈을 타서, 유학생 팀이 우리와 축구 경기 한 판 해보고 싶어해.

장학우: 문제 없죠, 그들과 우정 경기 한 판 해요.

장학명: 허허, "우정이 첫 번째고, 경기는 두 번째" 아니겠어.

장학우: 네, 시간은 그들한테 정하라고 해요, 우리 반의 응원단을 부르는 것도 잊지 말고요.

단문

요즘 4년에 한 번 있는 월드컵이 개막했는데, 어제 밤에는 브라질 대 스페인의 준결승전이 있었습니다.
제가 어떻게 이런 중요한 경기를 놓칠 수 있겠습니까? 경기는 긴장 속에 진행되었는데, 전반전 득점은
0:0이었습니다. 후반전에 와서 브라질팀이 먼저 한 골을 넣었습니다. 얼마 지나지 않아, 스페인팀도 한 골
을 넣었습니다. 마지막에 경기 종료 10분 전에 브라질팀은 골을 넣을 기회를 얻었고, 2:1로 스페인 팀을
이겼습니다. 비록 저는 스페인팀이 아깝게 졌다고 생각했지만, 이번 경기는 정말 훌륭하고, 잊지 못할 경
기였습니다.

회화

이미영: 달링, 왜 멍 때리고 있어?

왕리: 말도 마. 우리 엄마가 또 나더러 선 보러 가래.

이미영: 아이고, 짜증나겠다. 너 선을 수도 없이 봤잖아.

왕리: 이미 충분히 짜증나거든! 너 나 비웃지 마라.

이미영: 알았어, 알았어. 농담 안 할게.

　　　　그런데 이번에는 누구 집 자제야?

왕리: 우리 엄마 동료의 조카래. 말을 들어보니 미국 유학파인데, 연봉이 엄청 높다나봐.

　　　그런데 키가 그렇게 크지가 않아.

이미영: 그러면 조건은 그래도 괜찮네. 먼저 한번 만나봐, 마음에 들 수도 있잖아.

왕리: 너도 알잖아, 내가 가장 신경 쓰는 부분이 남자 키라는 거. 만일 나보다도 작으면 어떡해?

이미영: 야, 너 이것 저것 까다롭게 고르지 마. 키가 작으면 어때? 사람이 좋고 성격이 좋고, 너한테만 잘

　　　　하면 되는 거야. 넌 눈이 너무 높아.

왕리: 그래, 나도 이 나이가 되었는데, 뭘 고르겠냐? 서두르지 않으면, 진정한 노처녀가 되겠어.

이미영: 그래, 듣자하니 요즘은 노처녀가 노총각보다 많다더라. 너도 서둘러.

왕리: 걱정하지마. 내 좋은 소식을 기다려봐.

이미영: 그가 미국 해외파라면, 넌 한국 해외파잖아, 정말 잘 어울린다! 파이팅! 난 널 믿어!

단문

왕리의 맞선기

　중국에서, 스물 여덟 살이 넘었는데 아직 결혼하지 않은 남녀 젊은이를 일컬어 노총각, 노처녀라고 합니다. 왕리는 올해 스물 아홉 살로, 대학을 졸업하기 전에는, 부모님이 그녀에게 줄곧 공부를 열심히 하고 연애는 하지 못하게 했습니다. 왕리는 워낙 순둥이라서, 줄곧 한 번도 연애를 하지 않았고, 졸업한 뒤 일을 몇 년 하니, 바로 노처녀가 되었습니다. 그래서 부모님께서는 그녀에게 각양각색의 맞선을 준비해 주셨습니다. 회사 직원부터 공무원, 석사, 박사, 유학파까지. 선을 많이 보긴 했는데, 모두 성공하지 못했습니다. 외모가 마음에 들지 않으면, 성격이 마음에 들지 않았습니다. 마음에 드는 남자 친구를 찾는 게, 결코 그렇게 쉬운 일은 아닙니다. 중국에는 이런 속담이 있습니다. "인연이 있으면 아무리 멀리 떨어져 있어도 만날 수 있다." 자신의 나머지 반쪽을 찾기 위해서, 왕리는 오늘도 열심히 맞선을 보러 가는 중입니다.

회화

미진: 학교에서 이번 주말에 병원에 가서 건강 검진하라고 하던데.

미나: 아이고, 피 뽑아야 하는 거지? 난 피를 보면 현기증을 좀 느끼는데.
저번에 피 뽑을 때도, 하마터면 기절해서 쓰러질 뻔했어.

미진: 걱정마, 내가 있잖아. 그런데 사실을 말하면, 듣자 하니 아침에 공복이어야 한대.
너 절대로 아침밥 먹지 마.

미나: 응, 걱정하지 마. 이 정도 상식은 나도 알고 있어.

(일주일 후)

미진: 건강검진 결과가 나왔어, 내 혈압이 조금 낮대.

미나: 어떻게 된 일이야? 나이도 어린 애가 저혈압이 있다니, 앞으로도 조심해야겠다.

미진: 어쩐지 내가 요새 계속 피로를 느끼고 힘이 없었거든.

미나: 나도 그래, 그건 현대인의 병인 것 같아.

미진: 아마도 나의 식습관 그리고 생활 습관과 관련이 있겠지. 보아하니 나도 이제 꾸준히 비타민을 먹어야 할까 봐.

미나: 비타민만 먹어서 되겠어? 내가 생각하기에, 우리가 몸이 좋지 않은 건 평소에 운동을 안 해서 그런 것 같아.

미진: 나도 신체를 단련하고 싶은데 그럴 시간이 어디 있어?

미나: 변명 하지마. 네가 몸을 건강하게 하기 위해서는 시간이 없어도 시간을 내서 몸을 단련시켜야지.

미진: 보아하니 내 올해의 목표는 일이 첫 번째가 아니라, 건강이 첫 번째가 될 것 같네!

단문

　생활 수준이 높아지고 생활 리듬이 빨라지면서, 현대인의 건강에 여러 가지 문제가 생겼습니다. 평소 관리에 주의를 기울이지 않으면, 피로와 무기력증이 나타날 수 있습니다. 그러면 어떻게 해야만 건강을 유지할 수 있을까요? 한편으로는 꾸준히 몸을 단련시켜야 합니다. 매일 30분을 빠르게 걷기만 해도 당신의 건강을 좋게 유지합니다. 다른 한편으로는 건강한 음식과, 충분한 휴식과 같은 좋은 생활 습관을 유지해야 합니다. 마지막으로, 스스로 스트레스를 받지 말고 매일 즐거운 마음을 유지해야 합니다. 이렇게 해야만, 몸과 마음이 건강해질 수 있습니다.

회화

장학우:　듣자하니 너 신형 휴대폰으로 바꿨다며, 얼른 꺼내서 나 좀 구경시켜 줘.

왕리:　　오빠 정보가 참 빠르구나! 바꾼 지 막 일주일도 안 되었는데.

장학우:　어때? 쓰기 편해?

왕리:　　그럭저럭 괜찮은 거 같아. 그런데 새 휴대폰 속도가 정말 예전 것보다 배는 빨라.

장학우:　속도가 빠른 거 빼고, 이 휴대폰은 어떤 새 기능이 있니?

왕리:　　기능은 예전 것과 비슷해. 그런데 외관상 변화가 좀 있어. 화면이 좀 커졌어, 화질도 더 선명하고,
　　　　　휴대폰도 더 얇아졌어. 한마디로 말하면 예전 것보다 좋아졌어.

장학우:　너는 정말 유행을 따를 줄 아는구나. 내가 만약 너라면, 새 휴대폰을 사려고 이렇게 돈을 많이 쓰
　　　　　느니, 차라리 이 돈을 가지고 여행을 가겠다.

왕리:　　말을 그렇게 하면 안되지, 이런 스마트폰을 쓰면 정말 편리해.

장학우:　내 휴대폰이 비록 좀 오래 되었지만, 전화 하고, 문자 보내는 건 참 편해.

왕리:　　스마트폰이 있으면 오빠의 생활이 크게 달라진다는 걸 몰라?
　　　　　이 휴대폰만 있으면 오빠는 뭐든지 할 수 있어.

장학우:　정말?

왕리:　　당연하지. 그럼 내가 오빠에게 스마트폰이 얼마나 대단한지 한번 보여줄게.
　　　　　이 스마트폰으로 영화를 보면서 문자도 보낼 수 있어. 오빠 휴대폰에는 이런 기능이 없지?

장학우:　스마트폰이 확실히 좋구나, 이렇게 돈을 많이 쓰는 게 아깝지 않다.

왕리:　　지금 휴대폰 할인하는 김에, 오빠도 빨리 바꿔 봐.

단문

　전자 기술이 발전함에 따라, 휴대폰도 점점 더 빠르게 변화하고 있습니다. 어떤 사람은 유행을 따라가기 위해, 새 휴대폰이 나오기만 하면 삽니다. 어떤 사람은 그렇게 많은 돈을 새 휴대폰을 바꾸는 데 쓰는 것을 아까워합니다. 왜냐하면 그들에게 있어, 휴대폰은 전화를 걸고, 문자를 보내기만 하면 되기 때문입니다. 사실 전화를 걸고 문자를 보내는 것 외에도 우리는 또 휴대폰으로 인터넷, 오락, 공부를 하고, 물건을 사는 등 많은 것들을 할 수 있습니다. 휴대폰은 정말로 우리의 일상 생활에서 떼어낼 수 없는 부분이 되었습니다. 우리의 생활에 편리함을 가져다 주었을 뿐 아니라, 우리의 생활에 즐거움도 가져다 주었습니다. 당신의 생각은 어떠한가요?

회화

이미영: 사적인 질문 하나 해도 돼요?

장학명: 우리가 누구냐? 궁금한 게 있음 무엇이든 물어봐.

이미영: 오빠는 형제자매가 있어요?

장학명: 없어, 난 외동아들이야. 그런데 줄곧 형이 한 명 있었으면 좋겠다고 생각했어.

이미영: 그럼 오빠가 바로 소문으로만 듣던 '소황제'구나! 만나 뵙게 되어 영광입니다!

장학명: 소황제는 무슨? 네가 보기에 내가 그렇게 응석받이로 자란 거 같아?

이미영: 난 그런 뜻이 아니에요. 일찍이 중국의 외동아들과 외동딸은 어려서 부모와 집안 어른의 각별한 사랑을 받는다고 들었어요. "밥이 오면 입을 벌리고, 옷이 오면 손을 내밀며" 황제 같은 생활을 한다고 말이에요. 그래서 "소황제"라고 불리워진다고.

장학명: 네가 말한대로라면, 너를 "소공주"라고 불러야 되겠네.

이미영: 난 외동딸도 아닌데, 왜 '소공주'예요?

장학명: 너희 엄마는 매일 너에게 밥 해 주시지, 방 청소해 주시지, 옷 빨아 주시지, 집안일은 모두 너희 엄마가 하시잖아. 네가 공주와 같은 생활을 하고 있으니까, 너야말로 '소공주'지.

이미영: 아이고, 그만 말해요, 얼굴이 다 빨개지겠네.

장학명: 부끄러운 걸 알게 되었으면 이제부터 어머니가 집안일 하시는 것 좀 도와드려.

이미영: 내일부터 집안일은 모두 내가 할게요.

장학명: 내일부터 시작하지 말고, 오늘 지금부터 시작해!

단문

　　중국은 20세기 70년대부터 산아 제한 계획 정책을 시작했습니다. 산아 제한 계획이란 무엇일까요? 바로 한 가정에 한 아이만 출산하는 것입니다. 이런 아이들은 어른들의 각별한 사랑을 받기 때문에, 어려서부터 "밥이 오면 입을 벌리고, 옷이 오면 손을 내밀었습니다." 어떤 집안일도 하지 않고, 심지어 신발끈조차 묶지 못했으니, 빨래나 밥을 하는 것은 더 말할 필요가 없습니다. 게다가 어려서부터 갖고 싶은 게 있으면 가져야 하고, 먹고 싶은 게 있으면 먹어야 하고, 자신만 알고 다른 사람은 배려하지 않습니다. 많은 외아들과 외동딸은 이기적인 성격이어서, '소황제'라고 불리었습니다. 그러나 어떤 외아들과 딸은 어려서부터 엄격한 교육을 받고 자라서, 형이나 언니처럼 남을 돌볼 수 있게 되었습니다. 당신 주위에도 '소황제'가 있나요? 그는 어떤 '소황제'인가요?

1 认识一下儿
소개해 봐요

●生词热身练习 **단어연습**●

1 麻烦
2 口音
3 路
4 却
5 猜

●天天记一记 **어법 익히기**●

바로바로 확인

1 ① 吃不出来
　② 看不出来
　③ 听得出来
　④ 猜得出来
2 ① 不是我不想帮你，而是我也没有办法。
　② 他不是没有钱，而是他不想花钱。
3 ① D
　② D
4 ① 不长不短
　② 不多不少
　③ 不高不矮
　④ 不重不轻
5 ① 要是时间过得慢点儿的话，那该多好啊！
　② 要是我也长得和她一样漂亮的话，那该多好啊！

●**실력 확인하기**●

图片一：我来介绍一下，她是我的高中同学。她叫赵丽娜，因为她有点儿黑，所以她有一个外号，叫"巧克力"。她和我同岁，今年29岁了。但可能因为她的星座是处女座，所以她的性格有点敏感，不过很适合她的工作。她是一家医院的护士，患者都很喜欢她。不过，到现在她还没有男朋友。

图片二：我来介绍一下。他叫张一欢，是我的初中同学。因为他喜欢喝酒，平时喜欢和朋友们喝一杯，所以大家不叫他"张一欢"，而叫他"张一杯"。虽然他爱喝酒，但是从来都没喝醉过，因为他是Ａ型，做什么事都很小心。"一杯"是我见过的性格最外向的Ａ型。他是记者，最近辞职了，他现在是自由职业。他有一个女朋友，听说明年就要结婚了。

●天天写一写 **글로 표현하기**●

　　大家好，我来介绍一下儿，我叫金大韩，黄金的金，大小的大，韩国的韩，你们叫我大韩就可以了。我是从韩国来的。其实，我觉得我的性格更像中国人。我喜欢中国的文化，历史，音乐。我最喜欢吃中国菜，特别是川菜。我也喜欢旅行，在中国留学的时候，我去过很多地方。中国真是又大又漂亮，以后我要努力学习汉语，去更多的地方旅行。现在我是北京大学四年级的留学生。我的专业是汉语，不过说得还不太好，请大家多多关照。我的介绍完了。谢谢大家。

2 乔迁之喜
새집으로 이사하는 즐거움

●生词热身练习 **단어연습**●

1 卫生纸、洗涤用品
2 闲

3 羡慕

4 按照

5 的确

바로바로 확인

1 ① 每到春节的时候，中国人都要回老家过年，
   那时候的车票真不好买。
  ② 她的电话号码很好记，我一听就记住了。
2 ① 你干嘛去那么远的地方运动啊？
  ② 你年龄还小，干嘛这么早打算结婚呢。
3 ① 周末在家休息不如去户外话动。
  ② 今晚在家吃饭不如去外面吃饭。
4 ① 王丽经常边写作业边听音乐。
  ② 爸爸边开车边跟妈妈聊天儿。
  ③ 她边看这部电影边哭。
  ④ 小明边走路边听MP3。
  ⑤ 弟弟喜欢边吃饭边看电视。
5 ① 她男朋友对她好得不得了。
  ② 做了整容手术以后，她漂亮得不得了。

●실력 확인하기●

　　这是一个卧室，卧室里有一张床、一张桌子、一个衣柜、一把椅子、两个小沙发。床头的墙上挂着一张全家福，全家福里有五口人，这张全家福看起来真幸福，床头柜上面有一个闹钟，床对面的墙上挂着电视，电视的上边有一个空调。桌子上面有一台电脑，桌子附近还有一把椅子。窗户附近有两个看起来真幸福小沙发。

●天天写一写 글로 표현하기●

我理想的新家

　　我理想的新家是一个两室一厅的房子，一个卧室、一个书房和一个客厅。客厅不用太大，但是最好有一个小阳台。房子的楼层最好在5楼以上，大小50平方米左右就行，我一个人可以住得舒适。交通一定要便利，要离地铁站、公共汽车站很近。最好周边自然环境好，有山、有公园。还有，我希望家附近有方便的购物中心。

3　麦当劳出了款新汉堡
맥도날드에서 새 햄버거를 출시하다

●生词热身练习 단어연습●

1 肯德基
2 麦当劳
3 汉堡包（汉堡）
4 必胜客
5 热狗
6 可乐
7 比萨饼
8 鸡尾酒

●天天记一记 어법 익히기●

바로바로 확인

1 ① 妹妹个子1米65，体重不胖不瘦，正好50公斤。
  ② 咱们一起去逛百货商店吧，我正好想买一条裙子。
2 ① 比起美国人口，中国人口多多了。
  ② 旅行的时候，比起穿裙子，穿裤子更舒服。
  ③ 外边下雨了，比起去外边吃，还是在家吃吧。
3 ① 他们俩一见面就聊上了童年的往事。

② 他的话刚说完，大家就议论上了 。

③ 你是什么时候迷上看足球比赛的？

④ 看起来王丽的心情不错，一来就唱上歌儿了。

4 ① 你还没听说她的好消息？

② 你还不知道他是从韩国来的？

5 ① 我把我的电话号码写成了妈妈的电话号码。

② 请你把这篇文章翻译成中文。

●실력 확인하기● (모범답안)

图片一：2月14日情人节，一个男人准备了玫瑰花，一个女人准备了巧克力。女的没想到男朋友选择在这一天向她求婚。她被男朋友感动了，答应了男朋友的求婚，决定和这么爱她的男人结婚。

图片二：每年的12月25日是圣诞节。特别是小孩子们，很早就开始期待圣诞节的到来。当他们一早起来，发现圣诞老人送来的礼物时，别提有多开心了。等他们长大以后才知道世上根本没有圣诞老人，原来是爸爸妈妈送给他们的礼物。

●天天写一写 글로 표현하기●

汉语里有很多外来语，有的是音译，有的是意译。其实在我们一天的生活中，要用到很多外来语。拿彼得的一天来说吧，他的早饭是麦当劳的汉堡包和星巴克的咖啡。他用的手机是三星的，喜欢的运动是打高尔夫球和打保龄球。周末的时候，他很喜欢和朋友去逛易买得超市。超市的一层有哈根达斯冰淇淋店和巴黎贝甜面包店。逛完超市，他特别喜欢和朋友在那儿一边吃东西，一边聊天儿。别提有多享受了。

4 你喜欢晴天还是雨天？
맑은 날이 좋아요, 비 오는 날이 좋아요?

●生词热身练习 단어연습●

1 聚

---

2 郁闷

3 顺便

4 气氛

5 晴天

●天天记一记 어법 익히기●

바로바로 확인

1 ① 第一天

② 第三封

③ 第一首

④ 第二个

⑤ 第几个

2 ① 做得到

② 找不到

③ 想得到

3 ① 你回家的时候，顺便买回来吧！

② 顺便问一下，你会说汉语吗？

③ 你下楼的话，顺便帮我买杯咖啡好吗？

4 ① 既然明天你没有时间，那我就跟朋友一起去。

② 既然你打算去中国留学，就应该提前做好准备。

③ 既然你不知道这件事，我就不告诉你了。

5 ① 我大概两个月没买东西了。

② 我已经一年多没说汉语了。

③ 好久没去旅行了。

●실력 확인하기●

2013年7月3号 北京

晴转多云，白天最高气温35度，夜间最低气温28度，局部地区有雷阵雨。

2013年12月25号 首尔

小雪转多云，白天最高气温6度，夜间最低气温零下2度。

●天天写一写 글로 표현하기●

我喜欢晴天，理由有三
① 晴天时心情很好。
② 晴天适合做户外运动。
③ 我喜欢晒太阳。

我喜欢雨天，理由有三
① 下雨天适合跟朋友一起喝酒。
② 夏季雨天很凉快。
③ 雨天很浪漫。

5 你真是海量啊!
당신은 정말 술고래군요!

●生词热身练习 단어연습●

1 罚
2 倒、倒
3 海量
4 凉
5 解酒汤

●天天记一记 어법 익히기●

바로바로 확인

1 ① 这么晚我不能喝咖啡，要不晚上睡不着觉。
　 ② 你还是好好复习吧，要不这次考试又不及
　　 格了。
2 ① 不就是50个单词吗? 两个小时就背完了。
　 ② 不就是感冒吗? 至于住院吗?
3 ① B:不怎么样。我都没听懂。
　 ② B:不怎么样。我觉得对方对我们公司不太
　　 满意。
4 ① B:想参加倒是真想参加，不过我没有时间。
　 ② B:喜欢倒是很喜欢，不过医生不让我吃面
　　 食。
5 ① 看来这次我不能去欧洲旅行了，一来我没

有钱，二来也没有时间。
　 ② 这次去北京开会，一来顺便买汉语书，二来
　　 顺便见见老朋友。

●실력 확인하기●

　　听金大韩说，在韩国阴天的时候，人们一边喝米酒，一边吃泡菜饼，别提多享受了。正好今天外边下雨，所以张学明约了金大韩晚上一起喝酒。一边听着下雨的声音，一边吃泡菜饼，可真是好吃得不得了。不过，张学明第一次喝米酒，虽然喝的时候，没觉得怎么样，不过，第二天早上起床以后，头特别疼，听金大韩说，这时候喝解酒汤就没事了，于是张学明在做解酒汤呢。

●天天写一写 글로 표현하기●

我喜欢喝酒，理由有三
① 喝酒以后，心情特别好。
② 跟朋友喝酒时，可以说平时说不了的心里话。
③ 喝酒可以拉近人们之间的关系。

我不喜欢喝酒，理由有三
① 喝酒喝醉了以后，可能对别人造成伤害。
② 过多饮酒对健康有害。
③ 喝酒以后身上有酒味。

6 熬夜看世界杯
월드컵을 보느라 밤을 새다

●生词热身练习 단어연습●

1 黑眼圈
2 哪怕
3 趁
4 错过
5 十分

바로바로 확인

1 ① 不管怎么说, 她找到了一份待遇不错的工作。
  ② 不管怎么说, 你这次帮了我的大忙, 我要好好儿谢谢你。
2 ① 最近美英在减肥, 哪怕是再好吃的菜, 她也不吃。
  ② 哪怕下大雨, 我明天也要去看那场比赛。
3 ① 他被抢救过来了。
  ② 旅行回来以后, 怎么睡也歇不过来。
4 ① 趁妈妈不在家的时候, 孩子打开电脑玩儿游戏。
  ② 趁她不注意的时候, 小偷偷走了她的钱包。
5 ① 足球队由11个人组成。
  ② 我们的行程由旅行社安排。

●실력 확인하기●

图片一: 金大韩是个棒球迷。趁周末, 他约朋友一起去看棒球比赛。
图片二: 运动场里坐满了观众, 他们给自己喜欢的球队加油。金大韩也和啦啦队一起唱歌加油。
图片三: 这场比赛虽然很精彩, 但是金大韩支持的球队输了。他和朋友都看起来很伤心。
图片四: 走出运动场, 金大韩和朋友打算去喝酒。他们一边喝酒, 一边讨论那场比赛。

●天天写一写 글로 표현하기●

　　星期天下午, 大韩和民国去现场看了巴西对法国的世界杯8强进4强的比赛。
　　这场比赛非常精彩。上半场, 法国队先进了一个球。到了下半场, 离比赛结束还有15分钟的时候, 法国队10号得到了一张红牌, 被罚下了场。不久, 巴西队11号把6号传的两个球都踢进了, 比分变成了2:1。最后巴西队进入了四强的比赛。

7　你相过亲吗?
선을 본 적 있어요?

●生词热身练习 단어연습●

1 海归
2 消息
3 侄子
4 配
5 抓紧

●天天记一记 어법 익히기●

바로바로 확인

1 ① 太
  ② 极了
  ③ 够
  ④ 最
  ⑤ 很
2 ① 都八点了, 他怎么还没起床啊?
  ② 叔叔都四十岁了, 还没结婚。
3 ① A
  ② B
4 ① 你还是带着雨伞吧, 万一晚上下班时下雨呢。
  ② 万一有什么急事, 你马上给我打电话。
5 ① 你再不回家, 爸爸就要生气了。
  ② 妈妈再不做饭, 我就要饿死了。

●실력 확인하기●

　　某男, 今年29岁, 身高一米七五, 还没结婚, 经济条件还不错, 月收入3000以上, 有住房。有稳定的工作。他想找一名年龄在30岁以下, 外貌端庄, 温柔善良, 孝敬父母, 有稳定工作的未婚女性结婚。
　　某女, 今年32岁, 身高一米六七, 体重五十五公斤, 性格活泼开朗, 但是她离过婚, 有一个5岁女孩儿。她想找一个有稳定工作, 有爱心, 顾家, 喜欢孩子的人结婚。

随着女性经济的独立和社会地位的提高，剩女也越来越多。在中国，年龄在28岁左右，还没有结婚的女性，被叫做"剩女"。王丽也是一名剩女，父母不停地让她去相亲。父母觉得王丽再不结婚就嫁不出去了，很为王丽担心。不过，要想找到一个又和自己配，又来电的人，也不是一件容易的事。

8 今年你体检了吗?
올해 건강 검진 했나요?

●生词热身练习 단어연습●

1 借口

2 提高

3 千万

4 症状

5 晕

●天天记一记 어법 익히기●

바로바로 확인

1 ① 出国前, 我的护照不见了, 差点儿来不了了。
　② 十几年没见的老朋友, 我差点儿没认出来。

2 ① D
　② C

3 ① 他之所以没参加昨天的晚会, 是因为他要在公司加班。
　② 大学生的压力之所以很大, 是因为最近就业真的太难了。

4 ① 离高考还剩一个月, 大家一方面要努力学习, 一方面要注意身体。
　② 这次计划失败的原因一方面是因为准备得不够, 另一方面是因为大家太自信了。

●실력 확인하기●

图片一: 一个男的最近常常感觉到没精神, 疲劳无力, 所以他来到了医院做身体检查。

图片二: 一个星期后, 检查结果出来了。他有点儿高血压和肥胖。医生建议他要注意生活习惯和坚持运动。

图片三: 听了医生的话, 他开始戒烟、戒酒, 每天早上去健身房锻炼身体。

图片四: 三个月以后, 他真的瘦了不少, 看上去很有精神。他的身体恢复正常了。

●天天写一写 글로 표현하기●

我的健康状况

随着生活节奏的加快, 现代人受到的压力越来越大。最近我之所以常感到疲劳、无力, 是因为我没有坚持运动。上个星期, 早上起床的时候我差点儿晕倒。我去医院做了身体检查以后, 医生建议我一方面要注意日常生活习惯, 千万别喝酒、抽烟, 另一方面要坚持运动。看来, 不管平时工作、学习多忙, 我们都要注意身体健康。

9 我想买个新手机
저는 새 휴대폰을 사고 싶어요

●生词热身练习 단어연습●

1 舍不得

2 简直

3 与其, 不如

4 白

5 倍

●天天记一记 어법 익히기●

바로바로 확인

1 ① 抽得惯

② 喝得惯
③ 住得惯
④ 穿不惯
⑤ 用不惯
2 ① 与其出去吃, 不如在家随便吃点儿。
② 面对失败, 与其伤心后悔, 不如再接再厉。
3 ① 上次朋友推荐的那家饭馆的饭菜好吃得很。
② 我们公司新来的小王性格幽默得很。
4 ① D
② A

●실력 확인하기●
图片一: 以前的手机除了打电话、发短信的功能以外, 没有什么特别的功能。
图片二: 最近智能手机除了打电话、发短信以外, 我们还可以用手机上网、娱乐、学习、购物等等。有了智能手机, MP3、照相机、电子词典、电脑等离我们越来越远了。

●天天写一写 글로 표현하기●
智能手机带给我们的方便?
① 可以上网查资料、上网购物、网上银行。
② 可以看电子地图。
③ 可以确认交通工具的到达时间。
④ 可以预订电影票、飞机票。

智能手机带给我们的不便?
① 和家人在一起的时间越来越少。
② 视力越来越差。
③ "手机上瘾症"的人越来越多。

10 你是小皇帝还是小公主?
당신은 소황제예요? 소공주예요?

●生词热身练习 단어연습●

1 家务
2 长辈
3 小皇帝
4 害羞
5 尽管

●天天记一记 어법 익히기●

바로바로 확인

1 ① 尽管多年没见, 我还是一眼就认出了她。
② 今天发工资了, 你想买什么尽管选。
③ 尽管妈妈说不同意, 不过妈妈还是给了他金钱上的帮助。
2 ① 这个人早就不在这儿住了, 你再去别的地方问问吧!
② 这个产品在韩国早就有了, 并不是什么新创意。
③ 我早就想买这个手机了, 终于买到了。
3 ① C
② C
4 ① 照这么看来, 今年的夏天的高温天气要持续很长时间。
② 照这样的速度, 今年的目标一定会完成的。
5 ① A
② C

●실력 확인하기●
　我要是有一个哥哥的话, 就有人陪我一起运动了。我要是有一个姐姐的话, 有烦心事就可以跟姐姐说说。我要是有一个弟弟的话, 我想跟他一起学习。我要是有一个妹妹的话, 我想把我漂亮的衣服给她。

●天天写一写 글로 표현하기●
　听说中国的独生子, 被叫做"小皇帝"。开始我并不知道, 为什么把独生子叫做"小皇帝"。不过后来, 听我的中国朋友告诉我, 那是因为家里只有一个孩子。从小他们被娇生惯养，"饭来张口，衣来伸手"，受到了很多长辈的宠爱，过着像皇帝一样的生活，所以被叫做小皇帝。不过我的中国朋友，可不是小皇帝。他非常独立自主，家务也做得很好。看来，并不是所有的独生子都是"小黄帝"。